Inhaltsverzeichnis

Sprachwissen für Rechtschreib-Stars: Laute und Buchstaben

(1) Verbinde die Bezeichnungen. Schreibe Buchstabenbeispiele auf.

Konsonanten	Mitlaute: ______
Doppelvokale	Selbstlaute: ______
Doppelkonsonanten	Doppelselbstlaute: ______
Vokale	Doppelmitlaute: ______

Laute kannst du hören, Buchstaben kannst du schreiben.

(2) Wie heißen diese Laute?

ä, ö, ü = ______

au, ei, eu, äu, ai = ______

(3) Für Buchstabendetektive

Diesen Buchstaben haben alle Wörter, nur der Pinguin nicht: ______

Diese Buchstaben hat nur die Katze: ______

Dieser Anfangsbuchstabe kommt 2 x vor: ______

Ein Tier hat einen Umlautbuchstaben: ______

Ein Tier hat einen Doppelvokal: ______

Zwei Tiere haben einen Doppelkonsonanten: ______

Diese Buchstaben kommen gar nicht vor: ______

④ Wie viele Laute hörst du? Schreibe auf.

 ___
 ___
 ___
 ___
 ___

 ___
 ___
 ___
 ___
 ___

⑤ Schreibe die Wörter zu diesen Bildern mit Begleitern auf.

___

___

___

?! Forsche nach Wörtern, die 2 Buchstaben mehr als Laute haben.

___

___

⑥ Setze ai in die Lückenwörter ein. Schreibe sie nochmals auf.

der Brotl___b, der H___, der K___ser, der L___ch, der L___e, der M___,

der M___s, die Stadt M___nz, die S___te, das W___senkind

___

___

___

ai kommt sehr selten in Wörtern vor. Merke dir die Wörter aus Aufgabe 6.

korrigiert: ☆

X ① Verbinde die Bezeichnungen. Schreibe Beispielwörter auf.

Nomen	Tunwort: Verb
Verb	Wiewort: Adjektiv
Adjektiv	Namenwort: Nomen
Pronomen	Begleiter: Artikel
Artikel	Fürwort: Pronomen

X ② Entscheide: Nomen N, Verb V oder Adjektiv A?

MONAT (N) TAUCHEN (V) TRAURIG (A) HELL (A) SCHWITZEN (V)
STUHL (N) SPIELEN (V) LEISE (A) LACHEN (V) LANGWEILIG (A)
HÖHLE (N) ANSTÄNDIG (A) MUTIG (A) KELLER (N)

③ Schreibe die Wörter auf. Achte auf die Großschreibung.

?! Finde Nomen, Adjektive und Verben, die den gleichen Anfangsbuchstaben haben.

angeln

Ananas

arm

X ④ Verbinde richtig.

Einzahl und Mehrzahl gibt es bei	Adjektiven
Gegenteilwörter gibt es bei	Nomen
die ich/du/er/sie/es-Form gibt es bei	Verben

5 Schreibe die Nomen im Plural (Mehrzahl) auf.

der Abend die Angst das Blatt der Berg
das Juwel die Gefahr die Geige

der Abend – die Abende, die Angst - die Ängste, das Blatt - die Blätter, der Berg - die Berge, das Juwel - die Juwe~~lle~~le, die Gefahr - die Gefahren, die Geige - die Geigen

?! Forsche nach Nomen, die im Singular (Einzahl) und im Plural (Mehrzahl) gleich geschrieben werden.

der Anspitzer - die Anspitzer

6 Schreibe die Verben in der du-Form auf.

Achtung: Manchmal ändert sich der Wortstamm.

trödeln baden stürmen
schmücken messen treten

trödeln – du trödelst, du badest, du stürmst, du schmückst, du misst, du tritt

7 Schreibe die Gegenteilwörter auf.

sauber hell krank
fleißig weich leicht groß

sauber – schmutzig, hell - dunkel, krank - gesund, fleißig - faul, weich - hart, leicht - hart, groß - klein

korrigiert: ☆

Deutlich sprechen hilft: Mitsprechwörter

1 Sprich die Wörter zu den Bildern deutlich.
Schreibe die Wörter auf.

2 Zeichne die Silbenbögen ein. Sprich die Silben deutlich.

TAXIFAHRER KÄSEKUCHEN SCHOKOLADENEIS

BÜCHERREGAL BUTTERDOSE PUDERZUCKER

FUSSBALLENDSPIEL KUCHENGABEL

GEISTERBAHN HAUTAUSSCHLAG

3 Schreibe die Wörter mit Begleiter auf und sprich dazu.

4 Ersetze die Zahlen in den Wörtern durch Buchstaben. Schreibe die Wörter mit Begleitern auf.

drei zwei eins acht elf vier

Kl1wagen, B1bruch, 1bruch, 1gang, 3rad, Kla4, Hundel1e, Schw1ebraten, 8erbahn, Sch8el, W8urm, 2sitzer, N8zug, R1igung, Kopfst1pflaster, 11enb1

5 Markiere die Buchstaben, mit denen du die Zahlen ersetzt hast.

6 Schreibe zu mindestens 3 Wörtern aus Aufgabe 4 einen Satz.

?! Forsche nach Wörtern, in denen sich Zahlen verstecken.

korrigiert: ☆

1 Ordne die Wörter nach dem Alphabet.
Markiere den Buchstaben, auf den es ankommt.

Käfer • kahl • kalt • Kette • Kamm • Kasse
Kissen • Käfig • Kampf • Karussell • Kaugummi • Keks
Kaiser • Känguru • kennen • Kaffee • Kino • kippen

2 Bilddiktat. Schreibe die passenden Wörter auf.
Überprüfe mit dem Wörterbuch und notiere die Seitenzahlen.

3 Schreibe das in Lautschrift geschriebene Wort richtig auf.
Überprüfe mit dem Wörterbuch und notiere die Seitenzahlen.

[waksen] ______ ___ [schprache] ______ ___

[schpil] ______ ___ [miksen] ______ ___

[ungefer] ______ ___ [tswerg] ______ ___

[ferlezen] ______ ___ [zanbürste] ______ ___

[pflantsen] ______ ___ [mülaimer] ______ ___

Denke bei Verben an die Grundform. Zusammengesetzte Wörter musst du zerlegen.

(4) Ergänze die Tabelle mithilfe deines Wörterbuchs.

	Grundform	weitere Formen	Seite
sie lief			
gesprungen			
er hielt			
gebissen			
gezwungen			

(5) Unterstreiche das Grundwort im zusammengesetzten Nomen und schreibe es auf. Schlage im Wörterbuch nach und notiere die Seitenzahl.

Zusammengesetztes Nomen	Grundwort	Seite
die Nähmaschine		
der Privatdetektiv		
das Gänsefüßchen		
das Haarspray		
der Meeresspiegel		
das Inhaltsverzeichnis		
der Angstschweiß		
das Handballspiel		

(6) Schlage nach und notiere die Bedeutung der Wörter.

adoptieren ____________________ Clique ____________________

flügge ____________________ Illustrierte ____________________

demontieren ____________________ primitiv ____________________

korrigiert: ☆

Fehlerfreies Abschreiben kannst du trainieren.

① 5 Schritte zum fehlerfreien Abschreiben

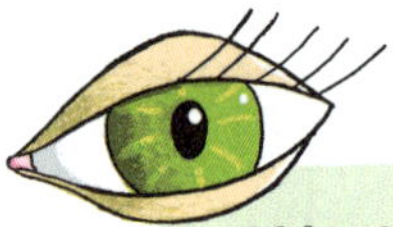

1 Wort, Satz oder Text genau lesen. Alles verstanden?

2 Schwierige Stellen im Wort markieren und erklären.

3 Sätze oder Texte in sinnvolle Wortgruppen einteilen.

4 Wörter oder Wortgruppen merken und auswendig aufschreiben.

5 Kontrollieren, ob alles richtig ist. Fehler verbessern.

② Beachte die 5 Schritte und schreibe den Text ab.

Panik
Das Wort Panik stammt vom griechischen Hirtengott Pan ab. Die Menschen stellten sich den Gott als unheimliche Gestalt mit den Hörnern, Ohren und Beinen eines Ziegenbocks vor. Er gab sich aber nie zu erkennen. Und so wurde jede unerklärliche Angst damit erklärt, dass Gott Pan in der Nähe sei. Man ergriff die Flucht wie aufgescheuchte Tiere.

korrigiert:

① So kannst du deine Texte überprüfen:

1. Schritt
Hast du:
- alle Nomen groß geschrieben? Denke an die Signalwörter der, die, das, ein, eine, am, beim, im, zum, alles, etwas, viel, nichts.

2. Schritt
Hast du:
- alle Buchstaben geschrieben?
- alle Oberzeichen (ä/ö/ü/i/äu) notiert?

3. Schritt
Hast du:
- schwierige Wörter richtig geschrieben? Denke an die Hilfen  und/oder schlage im Wörterbuch nach.

4. Schritt
Hast du:
- alle Satzzeichen richtig gesetzt? . , ?!
- die Zeichen bei der wörtlichen Rede richtig gesetzt?

② Überprüfe den Text. Es sind 13 Fehler versteckt. Streiche Fehlerwörter durch. Schreibe das richtige Wort über das Fehlerwort.

Es war einmal ein alter Lowe. Er war zu schach für die Jagt. Deshalb stelte er sich krank. Er lud die Tiere ein, ihn in seiner Höle zu besuchen. der Fuchs erkante die List. Er erklerte dem löwen: Ich wäre ser gerne bereit, dich zu besuchen, aber es führen fiele Schpuren in deine Höle hinein, aber leider keine hinaus.

(nach Äsop)

korrigiert: ☆

① Ein Wort in der Reihe gehört nicht zur Wortfamilie.
Streiche es durch.

sie rät • das Ratespiel • die Ratten • geraten • der Verrat

der Beste • besser • die Besserung • der Besen • verbessert

faulen • die Fäulnis • der Faulpelz • das Foul • faulenzen

der Rammbock • verrammeln • gerammt • eingerahmt

borgen • der Bohrer • gebohrt • verbohrt • das Bohrloch

der Besuch • gesucht • das Gesuch • süchtig • er suchte

② Ergänze die Tabelle. Das Wörterbuch kann dir helfen.

Nomen	Verb	Adjektiv
der Bann	verbannen	
		lustig
das Geräusch		
die Wende		
		verletzlich
	anfreunden	
das Unfassbare		
		peinlich
		ungehörig

③ Markiere bei den Wörtern in der Tabelle die Vorsilben mit ⌊__•,
den Wortstamm mit ⌊__⌋ und die Endbausteine mit •__⌋.

(4) Zerlege die Wörter in Vorsilbe, Wortstamm und Endbaustein.

be such t • Möglichkeit • Wissenschaftlerin • auffahren • Vorgang • ekelhaft • Ärgernis • planst • geschickt • wundersam • Verkäufer • Missgeschick • mauerte • Untersuchung • Entdecker • mustern • erzählen

Vorsilben: ______________________________

____

Wortstämme: ______________________________

____

____

Endbausteine: ______________________________

____

(5) Suche Wörter zur Wortfamilie Raum/raum.

Raum
raum

?! Hier ist Platz für deine eigene Wortfamilie.

korrigiert: ☆

Umlautung – Wörter mit ä/e und äu/eu

Die Laute **e** und **ä** klingen sehr ähnlich.
Die Laute **eu** und **äu** klingen gleich.
Welchen also schreiben?

(1) Fülle die Tabelle aus.

Wie wird das Wort geschrieben?	Gibt es einen Verwandten mit a oder au?	Verwandtes Wort:	Also:
gesch___lt	ja ☒ nein ☐	die Schale	geschält
h___rzlich	ja ☐ nein ☒		herzlich
eingez___nt	ja ☐ nein ☐		
die B___te	ja ☐ nein ☐		
die Z___hlung	ja ☐ nein ☐		
auff___deln	ja ☐ nein ☐		
die K___rze	ja ☐ nein ☐		
der R___cherfisch	ja ☐ nein ☐		
f___ern	ja ☐ nein ☐		
bem___ngeln	ja ☐ nein ☐		
die R___nge	ja ☐ nein ☐		
das M___schen	ja ☐ nein ☐		
der Z___ge	ja ☐ nein ☐		
vers___mt	ja ☐ nein ☐		
die K___le	ja ☐ nein ☐		
aufz___men	ja ☐ nein ☐		
das ___ter	ja ☐ nein ☐		
die Z___hmung	ja ☐ nein ☐		
der D___ckel	ja ☐ nein ☐		
unverst___ndlich	ja ☐ nein ☐		
demn___chst	ja ☐ nein ☐		

(2) Finde zu jedem Wort vier verwandte Wörter mit ä.

der Schwarm: ____________________

hart: ____________________

die Arglist: ____________________

gestanden: ____________________

(3) Finde zu jedem Wort vier verwandte Wörter mit äu.

der Rauch: ____________________

der Haufen: ____________________

der Raum: ____________________

saugen: ____________________

(4) Schreibe Sätze in der 3. Person (er/sie/es) Singular (Einzahl).
Beispiel: tragen – Er trägt seiner Mutter die Einkäufe nach Hause.

fragen auslassen vorschlagen halten einschlafen

____

____

____

____

____

korrigiert: ☆

d, b und g werden manchmal wie t, p und k gesprochen.

① Finde den fehlenden Buchstaben durch Verlängern.

a) Verlängere die Nomen durch ihren Plural (Mehrzahl).

der Sie g ⇝ die Sie-ge — der Ran___ ⇝ ____________

der Sta___ ⇝ ____________ — das Mikrosko___ ⇝ ____________

der Ra___ ⇝ ____________ — der Zu___ ⇝ ____________

b) Verlängere die Verben durch ihre Grundform.

sie fär___t ⇝ ____________ — es verschlin___t ⇝ ____________

er bedrän___t ⇝ ____________ — es pie___t ⇝ ____________

er pum___t ⇝ ____________ — sie bedan___t ⇝ ____________

c) Verlängere die Adjektive durch ihre Vergleichsform.

frem___ ⇝ ____________ — gro___ ⇝ ____________

blon___ ⇝ ____________ — klu___ ⇝ ____________

schlan___ ⇝ ____________ — billi___ ⇝ ____________

?! Finde zu Aufgabe a, b und c jeweils selbst noch zwei Beispiele.

____________ ⇝ ____________ — ____________ ⇝ ____________

____________ ⇝ ____________ — ____________ ⇝ ____________

____________ ⇝ ____________ — ____________ ⇝ ____________

② Hier musst du die Wörter zerlegen, um einen Beweis für die richtige Schreibung zu finden.

En__lich ist Freitag! ⇝ das En-de

Für einen Stran__korb bezahlt man stün__lich.

⇝ ____________________ ____________________

Einige Babys bekommen nach der Geburt Gel__sucht.

⇝ ____________________

Mein Lie__lingsobst sind Er__beeren.

⇝ ____________________ ____________________

Das Flu__zeug landet um 19.30 Uhr. ⇝ ____________________

Der Ausflug war ein echtes Erle__nis. ⇝ ____________________

Meine Mutter arbeitet hal__ta__s.

⇝ ____________________ ____________________

③ Sammle Wörter zu diesem häufig vorkommenden Wortbaustein.

wegräumen

Weg-
weg-

korrigiert: ☆

① Setze die Anfangsbausteine und das Verb zu sinnvollen Wörtern zusammen.

ent zu an vor über ver auf hin ab her ein zer

geben

übergeben, ______________________

____

____

____

____

② Bilde aus den zusammengesetzten Verben aus Aufgabe 1 Nomen. Schreibe sie mit Artikel auf.

____

____

____

③ Setze in die Lücken passende Wörter aus Aufgabe 1 und 2 ein.

Nach dem Konzert forderten die Zuschauer eine ______________________.

Im Internet muss man auf einigen Seiten

ein Passwort ______________________.

Der ______________________termin ist am Freitag.

Du kannst mit deiner neuen,

coolen Jacke ganz schön ______________________!

Ich kann nicht mehr! Ich muss ______________________.

korrigiert: ☆

Der Anfangsbaustein End- end- ist mit dem Wort „Ende" verwandt und zeigt an, dass mit etwas Schluss ist ...

Der Anfangsbaustein Ent- ent- hat meistens etwas mit dem Gegenteil oder „weg" zu tun ...

1 Ordne folgende Wörter richtig in die Tabelle ein.

en____gültig • die En____deckung • die En____täuschung •
en____laufen • der En____spurt • unen____schieden • en____lassen •
unen____lich • en____los • die En____schuldigung • das En____spiel •
en____werfen • die En____fernung • en____lich • das En____ergebnis

Ent ent	End end

korrigiert:

(1) Ergänze die Endbausteine des Verbs passend zu den Pronomen (Fürwörtern).

Gegenwart – hol

ich	e
du	
er/sie/es	
wir	
ihr	
sie	

1. Vergangenheit – hol

ich	te
du	
er/sie/es	
wir	
ihr	
sie	

(2) Schreibe die verschiedenen Endbausteine für Verben auf.

(3) Finde alle Verbformen zu red. Markiere die Endbausteine.

ich red e,

?! Unregelmäßige Verben haben diese Endbausteine nicht immer:
ich schwimme – ich schwamm
er geht – er ging
Finde weitere Beispiele.

korrigiert: ☆

① Verwandle diese Wörter in Adjektive (Wiewörter).

der Geiz  das Quadrat zerbrechen der Körper

die Symmetrie wählen der Zufall  das Eis

der Hass der Haufen die Hektik die Ehre

② Markiere bei Aufgabe 1 alle Endbausteine mit ⌐.

Die Endbausteine heißen: ______ ______ ______

?! Hier ist Platz für deine eigenen Adjektive mit Endbausteinen.

korrigiert: ☆

Lange oder kurze Vokale?

① Markiere lange Vokale mit einem ▬ und kurze mit ●.

die M ie ne   r ei men   die S o ße   r o sa

die W aa ge   die H äu ser   die Eu le

gr ü ßen   die Pl a ge   der R e tter   r a ffen

sp ie len   sich aa len   gr ö ßer   die B ee re

n a gen   schw a mmig   der R ie men

② Ordne die Wörter aus Aufgabe 1 in die Tabelle ein.

▬ mit ie	▬ mit ß	▬ mit doppeltem Vokal
▬ mit Doppellaut	**▬ mit einfachem Vokal**	**● mit einfachem Vokal**

korrigiert: ☆

① Schreibe hier alle Wörter von S. 22 mit langem Vokal auf und zeichne Silbenbögen darunter.

Mie ne

② Schreibe hier alle Wörter von S. 22 mit kurzem Laut auf und zeichne Silbenbögen darunter.

Silben, die mit einem Vokal enden, nennt man **offene Silben**.
Silben, die mit einem Konsonant enden, nennt man **geschlossene Silben**.

③ Kreise offene Silben braun ein, geschlossene Silben schwarz.

Kas Sche Spit rie räu ren Schol See

④ Setze die Silben aus Aufgabe 3 mit diesen Silben zu Wörtern zusammen.

le re sig se zer le men nen

korrigiert: ☆

① Entscheide, ob ein i oder ein ie in die Lücken gehört.
Beweise mit ▬ oder ●.

der M i ● ttag　　die B ___ rne 　　d ___ nen　　die B ___ gung

f ___ nden　　 die G ___ ßkanne　　das B ___ st　　fl ___ mmern

das Pap ___ r　　der Fr ___ den　　die L ___ ppe　　spr ___ tzen

?! Suche selbst drei Wörter mit i geschrieben:

_______________　_______________　_______________

Drei Wörter mit ie geschrieben:

_______________　_______________　_______________

② Finde die Wortverwandten. Zeichne Silbenbögen ein.

Nomen	Verb	Adjektiv
der Spiegel		
		bissig
	mitfiebern	
		greifbar
die Liebe		
	gieren	
		gebieterisch
die Ziehung		

?! Was fällt dir auf?

③ Suche zu diesen Nomen die passenden Verben.

der Marsch – ______________________

das Interesse – ______________________

das Experiment – ______________________

das Foto – ______________________

die Hälfte – ______________________

die Operation – ______________________

die Kontrolle – ______________________

der Spaziergang – ______________________

?! Markiere den Endbaustein farbig. Er heißt ______.

④ In dem Suchsel verstecken sich die wir-Präteritumformen dieser Verben:

rufen, verzeihen, laufen, schweigen, fallen, raten, verleihen, bleiben, schreien, steigen.

c	z	r	a	o	s	c	h	w	i	e	g	e	n	c
c	u	h	b	h	j	h	y	b	z	k	h	e	e	q
v	k	k	s	i	q	f	e	v	l	p	c	l	r	x
e	g	u	j	h	x	q	q	e	l	i	c	o	i	s
r	x	v	a	o	x	l	r	r	n	n	e	m	e	j
z	s	k	f	h	b	g	z	l	b	k	j	b	f	m
i	t	e	i	m	g	q	o	i	e	y	n	r	e	n
e	i	k	e	c	u	l	t	e	p	e	v	a	n	n
h	e	f	l	b	s	c	i	h	f	d	a	n	n	r
e	g	o	e	v	c	c	e	e	r	l	j	e	d	s
n	e	y	n	n	h	c	i	n	t	k	t	m	m	f
i	n	c	p	e	r	l	y	c	l	e	h	w	t	h
r	g	c	a	i	i	u	h	g	i	m	g	i	b	m
f	w	p	t	y	e	i	o	r	c	q	k	y	c	y
q	j	d	m	f	n	z	d	a	i	o	x	n	k	w

wir schwiegen

____

____

____

____

____

____

____

____

____

korrigiert: ☆

Welle Boje Qualle Krake schwimmen Flosse Blase
Algen Steine dunkel Krabbe graben (See-)Sterne Anker

(1) Markiere die ersten Vokale (Selbstlaute) der Wörter mit ▬ und ●.

(2) Ordne die Wörter aus dem Bild in die Tabelle.
Schreibe in Silben getrennt.

▬	● mit unterschiedlichen Konsonanten (Mitlauten)	● mit zwei gleichen Konsonanten (Mitlauten)
Bla-se	Al-gen	Wel-le

Nach einem ▬ Vokal kommt _____ Konsonant.

Nach einem ● Vokal kommen mindestens _____ Konsonanten.

Entweder unterschiedliche oder zwei ____________.

③ Entscheide über die richtige Schreibung. Begründe mit ▬ / ●.

s/ss: das Gewi *ss* en, wach___en, die Ma___e, der Ha___e

t/tt: be___eln, die Trompe___e, ra___en, das Balle___, igi___

m/mm: der Ja___er, die Da___e, so___erlich, die Tro___el

n/nn: ke___en, der Ka___on, die Ka___te, er re___t, so___ig

r/rr: die Ka___e, die Schnu___, die Pe___le, i___, haa___ig

f/ff: der Li___t, das U___er, die Di___erenz, ho___entlich

l/ll: die Kno___e, sie so___, das Ato___, bi___ig, die Po___izei

p/pp: der Ra___s, der O___a, die Li___e, do___elt, es ki___t

g/gg: der Ba___er, der Ro___en, der Hü___el, der Bü___el

④ Finde weitere Verwandte aus der Wortfamilie.
Das Wörterbuch kann dir helfen.

das Schwimmbad ___

___

___

___

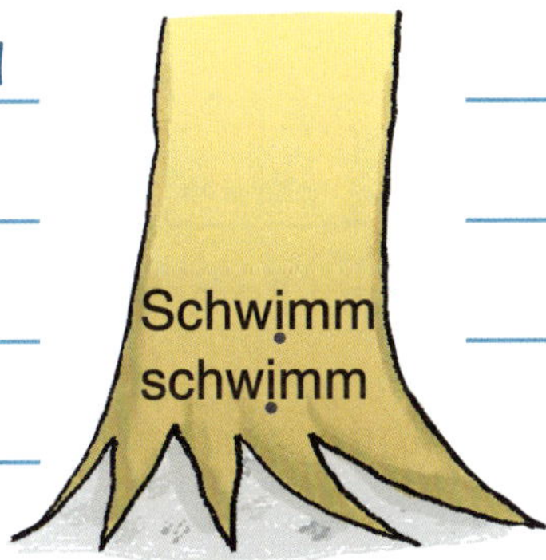

___

___

___

hoffentlich ___

___

___

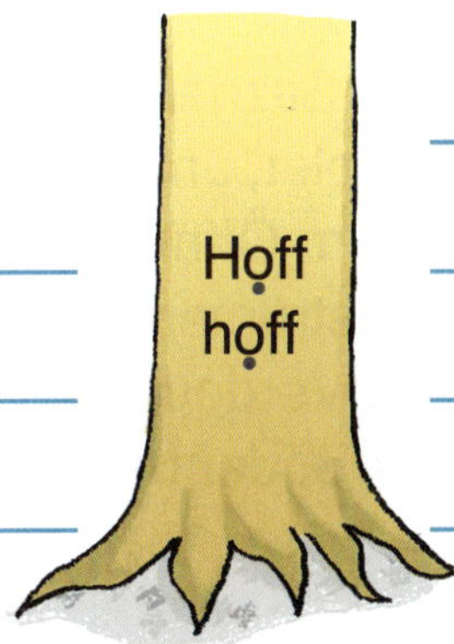

___

___

___

___

korrigiert: ☆

① Finde einen zweisilbigen Wortverwandten, um den Doppelkonsanten mit Silben zu beweisen.

der Kussmund – küs sen
wissbegierig – __________
der Dummkopf – __________
die Bettdecke – __________
stillstehen – __________
der Treffpunkt – __________
die Wollsocken – __________
kennzeichnen – __________

② Kreuzworträtsel. Finde das Lösungswort.

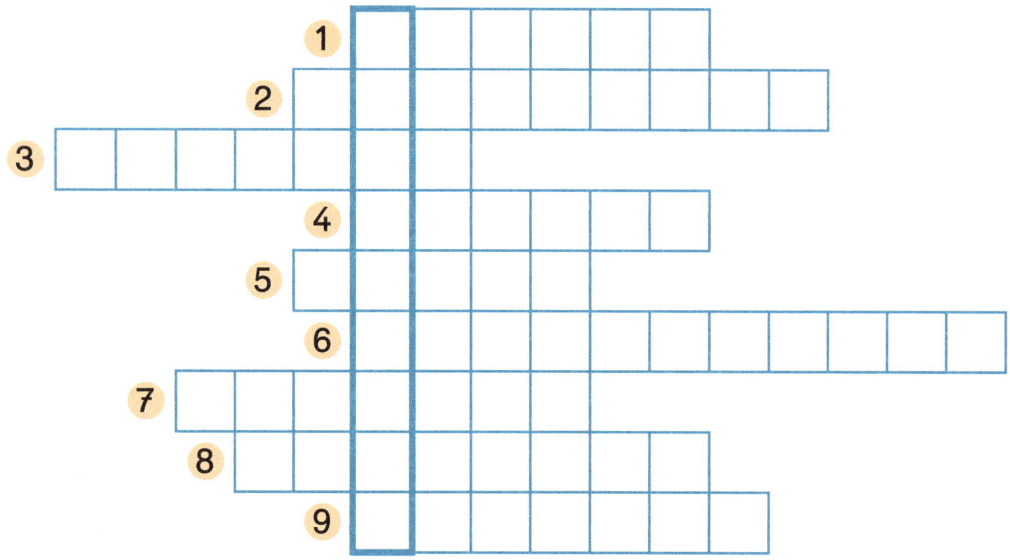

1 Ein Gewürz, das meist ins Sauerkraut kommt …
2 Milch mit 3,5 % Fettgehalt …
3 Eine Süßspeise, z. B. mit Schokoladen- oder Vanillegeschmack …
4 Eine weiche Sitzgelegenheit …
5 Ein Glücksspiel, um Millionen zu gewinnen …
6 Ein Gerät zum Öffnen von Nüssen …
7 Ein Saiteninstrument …
8 Ein Teil des Verdauungstraktes …
9 Ein weicher Bodenbelag …

Lösung: Doppel __________

③ Achtung!
Hier hat nicht die Verwandtschaft Vorrang, sondern ▬ oder ●.

Grundform	ich-Form Präteritum	er-Form Perfekt
beißen	ich biss	er hat gebissen
bitten		
fließen		
greifen		
kommen		
leiden		
schneiden		
treffen		

④ Fasse folgende Erklärungen jeweils zu einem Wort zusammen.

ein Tuch fürs Bett = das Betttuch

eine Tänzerin im Ballett = ______________________

eine Fahrt auf dem Schiff = ______________________

ein schneller Läufer = ______________________

ein Fetzen aus Stoff = ______________________

eine Liste zum Bestellen = ______________________

eine Tür zur Werkstatt = ______________________

?! Finde selbst weitere Dreier-Wörter.

korrigiert: ☆

Doppelkonsonanten ck und tz

Nur Wörter aus anderen Sprachen werden mit **zz** oder **kk** geschrieben, z. B. Pizza und Akku.

(1) Entscheide, ob die Wörter mit k oder ck geschrieben werden.
Begründe mit ▬ oder ●.

die Mar___e die Kra___e 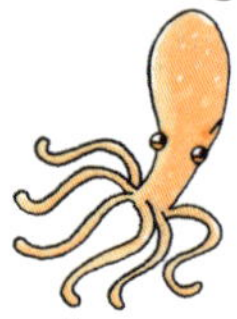 bestü___en das Gebä___

dan___en re___en die Lu___e po___ern

zi___ig die Glu___e die Za___e aushe___en

der Na___en wol___ig  entzü___end

(2) Entscheide, ob die Wörter mit z oder tz geschrieben werden.
Begründe mit ▬ oder ●.

die Gla___e hei___en die He___e der Bli___

pla___en der Kau___ her___lich der Glan___

grun___en die La___hose pe___en spi___

die Kreu___ung hol___ig pro___en der Prin___

(3) Hier ist Platz für deine Lieblingswörter mit Doppelkonsonant.

korrigiert:

(1) Sammle hier Ideen und Übungen zum Einprägen von Merkwörtern.

korrigiert: ☆

Dehnungs-h: Merkwörter

① Ordne diese Wörter. Markiere den Vokal und h.

die Fähre, mühsam, bohren, der Kühlschrank, der Bahnhof, die Bohne, gefährlich, der Lohn, mehr, die Wahl, während, das Ohr, ohne, das Jahr, befehlen, der Autofahrer, kehren, der Verkehr, belohnen, mitnehmen, obwohl, der Befehl, rührend, die Mühle, mehlig, der Fehler, der Stuhl, dehnen, der Uhrzeiger, der Rahmen, gewöhnen

Wörter mit ah/äh  ______________________

____

____

Wörter mit oh/öh  ______________________

____

____

Wörter mit uh/üh  ______________________

____

____

Wörter mit eh  ______________________

____

____

Lösungen Rechtschreib-Stars 6

(zum Heraustrennen die mittlere Klammer lösen)

① Verbinde die Bezeichnungen. Schreibe Buchstabenbeispiele auf.

- Konsonanten — Mitlaute: b, c, d, f, g …
- Doppelvokale — Doppelselbstlaute: ee, aa
- Doppelkonsonanten — Doppelmitlaute: tt, ss, mm, nn …
- Vokale — Selbstlaute: a, e, i, o, u

Laute kannst du hören, Buchstaben kannst du schreiben.

② Wie heißen diese Laute?

ä, ö, ü = Umlaute

au, ei, eu, äu, ai = Doppellaute

③ Für Buchstabendetektive

Diesen Buchstaben haben alle Wörter, nur der Pinguin nicht: e

Diesen Buchstaben hat nur die Katze: z

Dieser Anfangsbuchstabe kommt 2 x vor: S

Ein Tier hat einen Umlautbuchstaben: Löwe = ö

Ein Tier hat einen Doppelvokal: Seehund = ee

Zwei Tiere haben einen Doppelkonsonanten: Schmetterling, Katze

Diese Buchstaben kommen gar nicht vor: b, f, j, o, q, v, x, y

④ Wie viele Laute hörst du? Schreibe auf.

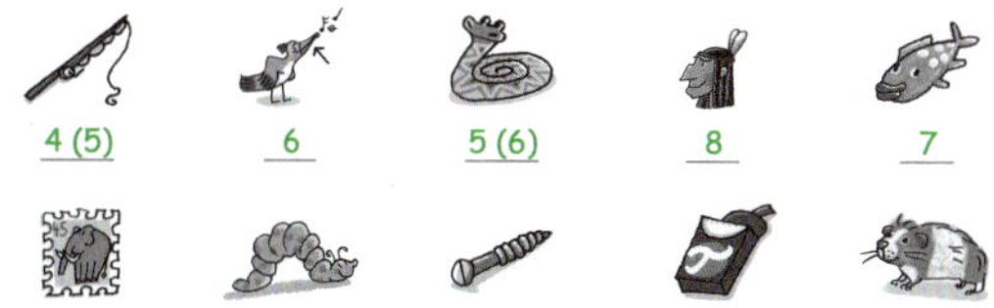

4 (5) | 6 | 5 (6) | 8 | 7

9 | 4 | 5 | 8 | 10

⑤ Schreibe die Wörter zu diesen Bildern mit Begleitern auf.

die Angel, der Schnabel, die Schlange, der Indianer, der Goldfisch, die Briefmarke, die Raupe, die Schraube, das Taschentuch, das Meerschweinchen

?! Forsche nach Wörtern, die 2 Buchstaben mehr als Laute haben.

Zeige deine Wörter einem Erwachsenen.

⑥ Setze ai in die Lückenwörter ein. Schreibe sie nochmals auf.

der Brotl ai b, der H ai , der K ai ser, der L ai ch, der L ai e, der M ai , der M ai s, die Stadt M ai nz, die S ai te, das W ai senkind

der Brotlaib, der Hai, der Kaiser, der Laich, der Laie, der Mai, der Mais, die Stadt Mainz, die Saite, das Waisenkind

ai kommt sehr selten in Wörtern vor. Merke dir die Wörter aus Aufgabe 6.

korrigiert: ☆

① Verbinde die Bezeichnungen. Schreibe Beispielwörter auf.

- Nomen — Namenwort:
- Verb — Tunwort: Zeige deine Wörter
- Adjektiv — Wiewort: einem Erwachsenen.
- Pronomen — Fürwort:
- Artikel — Begleiter:

② Entscheide: Nomen (N), Verb (V) oder Adjektiv (A)?

MONAT (N) TAUCHEN (V) TRAURIG (A) HELL (A) SCHWITZEN (V)

STUHL (N) SPIELEN (V) LEISE (A) LACHEN (V) LANGWEILIG (A)

HÖHLE (N) ANSTÄNDIG (A) MUTIG (A) KELLER (N)

③ Schreibe die Wörter auf. Achte auf die Großschreibung.

Monat, tauchen, traurig, hell, schwitzen, Stuhl, spielen, leise, lachen, langweilig, Höhle, anständig, mutig, Keller

?! Finde Nomen, Adjektive und Verben, die den gleichen Anfangsbuchstaben haben. Zeige deine Wörter einem Erwachsenen

angeln | Ananas | arm

④ Verbinde richtig.

- Einzahl und Mehrzahl gibt es bei — Nomen
- Gegenteilwörter gibt es bei — Adjektiven
- die ich/du/er/sie/es-Form gibt es bei — Verben

⑤ Schreibe die Nomen im Plural (Mehrzahl) auf.

der Abend | die Angst | das Blatt | der Berg | das Juwel | die Gefahr | die Geige

der Abend – die Abende, die Angst – die Ängste, das Blatt – die Blätter, der Berg – die Berge, das Juwel – die Juwelen, die Gefahr – die Gefahren, die Geige – die Geigen

?! Forsche nach Nomen, die im Singular (Einzahl) und im Plural (Mehrzahl) gleich geschrieben werden.

Zeige deine Nomen einem Erwachsenen.

⑥ Schreibe die Verben in der du-Form auf.

Achtung: Manchmal ändert sich der Wortstamm.

trödeln | baden | stürmen | schmücken | messen | treten

trödeln – du trödelst, baden – du badest, stürmen – du stürmst, schmücken – du schmückst, messen – du misst, treten – du trittst

⑦ Schreibe die Gegenteilwörter auf.

sauber | hell | krank | fleißig | weich | leicht | groß

sauber – sch mutzig, hell – dunkel, krank – gesund, fleißig – faul, weich – hart, leicht – schwer, groß – klein

korrigiert: ☆

220002440

Deutlich sprechen hilft: Mitsprechwörter

Sprich deutlich, dann kannst du jeden Laut hören.

① Sprich die Wörter zu den Bildern deutlich.
Schreibe die Wörter auf.

die Marmelade, die Sandale, das Wörterbuch, der (Kleider-)schrank,
das Hufeisen, die Taschenlampe, die (Geburtstags-)torte,
der Bücherstapel, der Zauberstab

② Zeichne die Silbenbögen ein. Sprich die Silben deutlich.

TAXIFAHRER   KÄSEKUCHEN   SCHOKOLADENEIS
BÜCHERREGAL   BUTTERDOSE   PUDERZUCKER
FUSSBALLENDSPIEL   KUCHENGABEL
GEISTERBAHN   HAUTAUSSCHLAG

Silbensprechen hilft beim richtigen Schreiben.

③ Schreibe die Wörter mit Begleiter auf und sprich dazu.

der Taxifahrer, der Käsekuchen, das Schokoladeneis,
das Bücherregal, die Butterdose, der Puderzucker,
das Fußballendspiel, die Kuchengabel, die Geisterbahn,
der Hautausschlag

④ Ersetze die Zahlen in den Wörtern durch Buchstaben.
Schreibe die Wörter mit Begleitern auf.

drei   zwei   eins   acht   elf   vier

Kl1wagen, B1bruch, 1bruch, 1gang, 3rad, Kla4,
Hundel1e, Schw1ebraten, 8erbahn, Sch8el, W8urm, 2sitzer,
N8zug, R1igung, Kopfst1pflaster, 11enb1

der Kleinwagen, der Beinbruch, der Einbruch, der Eingang, das Dreirad,
das Klavier, die Hundeleine, der Schweinebraten, die Achterbahn,
die Schachtel, der Wachturm, der Zweisitzer, der Nachtzug,
die Reinigung, das Kopfsteinpflaster, das Elfenbein

⑤ Markiere die Buchstaben, mit denen du die Zahlen ersetzt hast.

⑥ Schreibe zu mindestens 3 Wörtern aus Aufgabe 4 einen Satz.

Zeige deine Sätze einem Erwachsenen.

?! Forsche nach Wörtern, in denen sich Zahlen verstecken.

Zeige deine Wörter einem Erwachsenen.

korrigiert:

Nachschlagen üben

Achte auch auf den 3. und 4. Buchstaben.

① Ordne die Wörter nach dem Alphabet.
Markiere den Buchstaben, auf den es ankommt.

Käfer • kahl • kalt • Kette • Kamm • Kasse
Kissen • Käfig • Kampf • Karussell • Kaugummi • Keks
Kaiser • Känguru • kennen • Kaffee • Kino • kippen

Käfer, Kaffee, Käfig, kahl, Kaiser, kalt, Kamm, Kampf, Känguru,
Karussell, Kasse, Kaugummi, Keks, kennen, Kette, Kino, kippen, Kissen

② Bilddiktat. Schreibe die passenden Wörter auf.
Überprüfe mit dem Wörterbuch und notiere die Seitenzahlen.

Känguru S. | Chamäleon S. | Dachs S. | Schildkröte S.

Kaninchen S. | Schmetterling S. | Delfin S. | Ratte S.

③ Schreibe das in Lautschrift geschriebene Wort richtig auf.
Überprüfe mit dem Wörterbuch und notiere die Seitenzahlen.

[waksen] wachsen		[schprache] Sprache	
[schpil] Spiel		[miksen] mixen	
[ungefer] ungefähr		[tswerg] Zwerg	
[ferlezen] verletzen		[zanbürste] Zahnbürste	
[pflantsen] pflanzen		[mülaimer] Mülleimer	

Denke bei Verben an die Grundform. Zusammengesetzte Wörter musst du zerlegen.

④ Ergänze die Tabelle mithilfe deines Wörterbuchs.

	Grundform	weitere Formen	Seite
sie lief	laufen		
gesprungen	springen	Zeige deine Wörter	
er hielt	halten	einem Erwachsenen.	
gebissen	beißen		
gezwungen	zwingen		

⑤ Unterstreiche das Grundwort im zusammengesetzten Nomen und schreibe es auf. Schlage im Wörterbuch nach und notiere die Seitenzahl.

Zusammengesetztes Nomen	Grundwort	Seite
die Nähmaschine	die Maschine	
der Privatdetektiv	der Detektiv	
das Gänsefüßchen	das Füßchen/der Fuß	
das Haarspray	das Spray	
der Meeresspiegel	der Spiegel	
das Inhaltsverzeichnis	das Verzeichnis	
der Angstschweiß	der Schweiß	
das Handballspiel	das Spiel	

⑥ Schlage nach und notiere die Bedeutung der Wörter.

adoptieren (als eigenes Kind) annehmen
Clique Freundeskreis, Gruppe
flügge ausgewachsen
Illustrierte Zeitschrift
demontieren auseinandernehmen
primitiv einfach, schlicht, (oft abwertend)

korrigiert:

Abschreibtraining

Fehlerfreies Abschreiben kannst du trainieren.

① 5 Schritte zum fehlerfreien Abschreiben

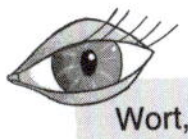

1 Wort, Satz oder Text genau lesen. Alles verstanden?

2 Schwierige Stellen im Wort markieren und erklären.

5 Kontrollieren, ob alles richtig ist. Fehler verbessern.

3 Sätze oder Texte in sinnvolle Wortgruppen einteilen.

4 Wörter oder Wortgruppen merken und auswendig aufschreiben.

② Beachte die 5 Schritte und schreibe den Text ab.

Panik
Das Wort Panik stammt vom griechischen Hirtengott Pan ab. Die Menschen stellten sich den Gott als unheimliche Gestalt mit den Hörnern, Ohren und Beinen eines Ziegenbocks vor. Er gab sich aber nie zu erkennen. Und so wurde jede unerklärliche Angst damit erklärt, dass Gott Pan in der Nähe sei. Man ergriff die Flucht wie aufgescheuchte Tiere.

Das Wort Panik stammt vom griechischen Hirtengott Pan ab.
Die Menschen stellten sich den Gott als unheimliche Gestalt
mit den Hörnern, Ohren und Beinen eines Ziegenbocks vor.
Er gab sich aber nie zu erkennen. Und so wurde jede
unerklärliche Angst damit erklärt, dass Gott Pan in der Nähe sei.
Man ergriff die Flucht wie aufgescheuchte Tiere.

korrigiert: ☆

Fehler finden

① So kannst du deine Texte überprüfen:

1. Schritt
Hast du:
- alle Nomen groß geschrieben? Denke an die Signalwörter der, die, das, ein, eine, am, beim, im, zum, alles, etwas, viel, nichts.

2. Schritt
Hast du:
- alle Buchstaben geschrieben?
- alle Oberzeichen (ä/ö/ü/i/äu) notiert?

3. Schritt
Hast du:
- schwierige Wörter richtig geschrieben? Denke an die Hilfen und/oder schlage im Wörterbuch nach.

4. Schritt
Hast du:
- alle Satzzeichen richtig gesetzt? . , ?!
- die Zeichen bei der wörtlichen Rede richtig gesetzt?

Arbeite dich Schritt für Schritt durch deine Texte.

② Überprüfe den Text. Es sind 13 Fehler versteckt. Streiche Fehlerwörter durch. Schreibe das richtige Wort über das Fehlerwort.

Es war einmal ein alter ~~Lowe~~ (Löwe). Er war zu ~~schach~~ (schwach) für die ~~Jagt~~ (Jagd). Deshalb ~~stelte~~ (stellte) er sich krank. Er lud die Tiere ein, ihn in seiner ~~Höle~~ (Höhle) zu besuchen. ~~der~~ (Der) Fuchs ~~erkante~~ (erkannte) die List. Er ~~erklerte~~ (erklärte) dem ~~löwen~~ (Löwen): Ich wäre ~~ser~~ (sehr) gerne bereit, dich zu besuchen, aber es führen ~~fiele Schpuren~~ (viele Spuren) in deine ~~Höle~~ (Höhle) hinein, aber leider keine hinaus.

(nach Äsop)

korrigiert: ☆

Wortfamilien

Die Wortfamilie hilft dir durch das „Stammprinzip".

① Ein Wort in der Reihe gehört nicht zur Wortfamilie. Streiche es durch.

sie rät • das Ratespiel • ~~die Ratten~~ • geraten • der Verrat

der Beste • besser • die Besserung • ~~der Besen~~ • verbessert

faulen • die Fäulnis • der Faulpelz • ~~das Foul~~ • faulenzen

der Rammbock • verrammeln • gerammt • ~~eingerahmt~~

~~borgen~~ • der Bohrer • gebohrt • verbohrt • das Bohrloch

der Besuch • gesucht • das Gesuch • ~~süchtig~~ • er suchte

② Ergänze die Tabelle. Das Wörterbuch kann dir helfen.

Nomen	Verb	Adjektiv
der Bann	verbannen	gebannt
die Lust	belustigen	lustig
das Geräusch	rauschen	rauschig
die Wende	wenden	wendig
Verletzung	verletzen	verletzlich
der Freund	anfreunden	freundlich
das Unfassbare	anfassen	gefasst
die Pein	peinigen	peinlich
das Hörgerät	hören	ungehörig

Hast du andere Wörter gefunden, dann zeige sie einem Erwachsenen.

③ Markiere bei den Wörtern in der Tabelle die Vorsilben mit ⌞_•, den Wortstamm mit ⌞_⌟ und die Endbausteine mit •_⌟.

④ Zerlege die Wörter in Vorsilbe, Wortstamm und Endbaustein.

besucht • Möglichkeit • Wissenschaftlerin • auffahren • Vorgang • ekelhaft • Ärgernis • planst • geschickt • wundersam • Verkäufer • Missgeschick • mauerte • Untersuchung • Entdecker • mustern • erzählen

Vorsilben: be, auf, Vor, ge, Ver, Miss, Unter, Ent, er

Wortstämme: such, Mög, Wiss, fahr, gang, ekel, Ärg, plan, schick, wund, käuf, mauer, such, deck, muster, zähl

Endbausteine: t, lich, keit, ler, in, en, haft, er, nis, st, sam, te, ung, n

⑤ Suche Wörter zur Wortfamilie Raum/raum.

Zeige deine Wörter einem Erwachsenen. — Raum / raum

?! Hier ist Platz für deine eigene Wortfamilie.

Zeige deine Wörter einem Erwachsenen.

Ich kann Wortverwandte finden.

korrigiert: ☆

Die Laute e und ä klingen sehr ähnlich.
Die Laute eu und äu klingen gleich.
Welchen also schreiben?

① Fülle die Tabelle aus.

Wie wird das Wort geschrieben?	Gibt es einen Verwandten mit a oder au?	Verwandtes Wort:	Also:
gesch ä lt	ja ☒ nein ☐	die Schale	geschält
h e rzlich	ja ☐ nein ☒		herzlich
eingez äu nt	ja ☒ nein ☐	der Zaun	eingezäunt
die B eu te	ja ☐ nein ☒		die Beute
die Z ä hlung	ja ☒ nein ☐	die Zahl	die Zählung
auff ä deln	ja ☒ nein ☐	der Faden	auffädeln
die K e rze	ja ☐ nein ☒		die Kerze
der R äu cherfisch	ja ☒ nein ☐	rauchen	der Räucherfisch
f eu ern	ja ☐ nein ☒		feuern
bem ä ngeln	ja ☒ nein ☐	der Mangel	bemängeln
die R ä nge	ja ☒ nein ☐	der Rang	die Ränge
das M äu schen	ja ☒ nein ☐	die Maus	das Mäuschen
der Z eu ge	ja ☐ nein ☒		der Zeuge
vers äu mt	ja ☒ nein ☐	der Saum	versäumt
die K eu le	ja ☐ nein ☒		die Keule
aufz äu men	ja ☒ nein ☐	der Zaum	aufzäumen
das Eu ter	ja ☐ nein ☒		das Euter
die Z ä hmung	ja ☒ nein ☐	zahm	die Zähmung
der D e ckel	ja ☐ nein ☒		der Deckel
unverst ä ndlich	ja ☒ nein ☐	verstanden	unverständlich
demn ä chst	ja ☒ nein ☐	nach	demnächst

② Finde zu jedem Wort vier verwandte Wörter mit ä.

der Schwarm: Zeige deine Wörter einem Erwachsenen.

hart: ______

die Arglist: ______

gestanden: ______

③ Finde zu jedem Wort vier verwandte Wörter mit äu.

der Rauch: Zeige deine Wörter einem Erwachsenen.

der Haufen: ______

der Raum: ______

saugen: ______

④ Schreibe Sätze in der 3. Person (er/sie/es) Singular (Einzahl).
Beispiel: tragen – Er trägt seiner Mutter die Einkäufe nach Hause.

fragen auslassen vorschlagen halten einschlafen

Zeige deine Wörter einem Erwachsenen.

Ich kann Wörter mit ä/äu von Wörtern mit a/au ableiten. korrigiert: ☆

d, b und g werden manchmal wie t, p und k gesprochen.

① Finde den fehlenden Buchstaben durch Verlängern.

a) Verlängere die Nomen durch ihren Plural (Mehrzahl).

der Sie g ⇝ die Sie-ge — der Ran g ⇝ die Rän-ge
der Sta b ⇝ die Stä-be — das Mikrosko k ⇝ die Mik-ro-s-kope
der Ra t ⇝ die Rä-te — der Zu g ⇝ die Zü-ge

b) Verlängere die Verben durch ihre Grundform.

sie fär b t ⇝ fär-ben — es verschlin g t ⇝ ver-schlin-gen
er bedrän g t ⇝ be-drän-gen — es pie p t ⇝ pie-pen
er pum p t ⇝ pum-pen — sie bedan k t ⇝ be-dan-ken

c) Verlängere die Adjektive durch ihre Vergleichsform.

frem d ⇝ frem-der — gro ß ⇝ grö-ßer
blon d ⇝ blon-der — klu g ⇝ klü-ger
schlan k ⇝ schlan-ker — billi g ⇝ bil-li-ger

?! Finde zu Aufgabe a, b und c jeweils selbst noch zwei Beispiele.

Zeige deine Wörter einem Erwachsenen.

② Hier musst du die Wörter zerlegen, um einen Beweis für die richtige Schreibung zu finden.

En d lich ist Freitag! ⇝ das En-de

Für einen Stran d korb bezahlt man stün d lich.

⇝ die Strän-de — die Stun-de

Einige Babys bekommen nach der Geburt Gel b sucht.

⇝ gel-be

Mein Lie b lingsobst sind Er d beeren.

⇝ lie-ben — die Er-de

Das Flu g zeug landet um 19.30 Uhr. ⇝ flie-gen

Der Ausflug war ein echtes Erle b nis. ⇝ er-le-ben

Meine Mutter arbeitet hal b ta g s.

⇝ hal-be — die Ta-ge

③ Sammle Wörter zu diesem häufig vorkommenden Wortbaustein.

wegräumen

Weg-
weg-

Zeige deine Wörter einem Erwachsenen.

Ich kann Wörter mit d/b/g im Auslaut verlängern. korrigiert: ☆

Anfangsbausteine

Anderer Anfangsbaustein – anderer Sinn!

① Setze die Anfangsbausteine und das Verb zu sinnvollen Wörtern zusammen.

ent, zu, an, vor, über, ver, auf, hin, ab, her, ein, zer — **geben**

übergeben, angeben, zugeben,
vorgeben, vergeben, hingeben,
hergeben, eingeben, abgeben,
aufgeben

② Bilde aus den zusammengesetzten Verben aus Aufgabe 1 Nomen. Schreibe sie mit Artikel auf.

die Übergabe, die Angabe, die Zugabe, die Vorgabe, die Vergabe,
die Hingabe, die Eingabe, die Abgabe, die Aufgabe, die Hergabe

③ Setze in die Lücken passende Wörter aus Aufgabe 1 und 2 ein.

Nach dem Konzert forderten die Zuschauer eine Zugabe.

Im Internet muss man auf einigen Seiten ein Passwort eingeben.

Der Abgabe termin ist am Freitag.

Du kannst mit deiner neuen, coolen Jacke ganz schön angeben!

Ich kann nicht mehr! Ich muss aufgeben.

korrigiert: ☆

Ent- ent- und End- end-

Der Anfangsbaustein End-/end- ist mit dem Wort „Ende" verwandt und zeigt an, dass mit etwas Schluss ist ...

Der Anfangsbaustein Ent-/ent- hat meistens etwas mit dem Gegenteil oder „weg" zu tun ...

① Ordne folgende Wörter richtig in die Tabelle ein.

en d gültig • die En t deckung • die En t täuschung • en t laufen • der En d spurt • unen t schieden • en t lassen • unen d lich • en d los • die En t schuldigung • das En d spiel • en t werfen • die En t fernung • en d lich • das En d ergebnis

Ent ent	End end
die Entdeckung	endgültig
die Enttäuschung	der Endspurt
entlaufen	unendlich
unentschieden	endlos
entlassen	das Endspiel
die Entschuldigung	endlich
entwerfen	das Endergebnis
die Entfernung	

korrigiert: ☆

Endbausteine von Verben

① Ergänze die Endbausteine des Verbs passend zu den Pronomen (Fürwörtern).

Gegenwart	hol	
ich		e
du		st
er/sie/es		t
wir		en
ihr		t
sie		en

1. Vergangenheit	hol	
ich		te
du		test
er/sie/es		te
wir		ten
ihr		tet
sie		ten

② Schreibe die verschiedenen Endbausteine für Verben auf.

e	st	t	en
te	test	ten	tet

③ Finde alle Verbformen zu red. Markiere die Endbausteine.

ich red e, du red est, er / sie / es red et, wir red en, ihr red et,
sie red en, ich rede te, du rede test, er / sie / es red ete,
wir red eten, ihr red etet, sie red eten

⁈ Unregelmäßige Verben haben diese Endbausteine nicht immer:
ich schwimme – ich schwamm
er geht – er ging
Finde weitere Beispiele. Zeige deine Beispiele einem Erwachsenen.

korrigiert: ☆

Endbausteine von Adjektiven

① Verwandle diese Wörter in Adjektive (Wiewörter).

der Geiz, das Quadrat, zerbrechen, der Körper, die Symmetrie, wählen, der Zufall, das Eis, der Hass, der Haufen, die Hektik, die Ehre

geiz ig, körper lich, ehr lich, eis ig, wähler isch, hekt isch,
zerbrech lich, häuf ig, symmetr isch, quadrat isch,
häss lich, zufäll ig

② Markiere bei Aufgabe 1 alle Endbausteine mit ⌞⌟.

Diese Endbausteine sind Hinweise für Adjektive.

Die Endbausteine heißen: ig lich isch

⁈ Hier ist Platz für deine eigenen Adjektive mit Endbausteinen.

Zeige deine Wörter einem Erwachsenen.

Ich kenne Endbausteine von Verben und Adjektiven.

korrigiert: ☆

① Markiere lange Vokale mit einem ▬ und kurze mit ●.

die M|ie|ne ▬ r|ei|men ▬ die S|o|ße ▬ r|o|sa ▬

die W|aa|ge ▬ die H|äu|ser ▬ die |Eu|le ▬

gr|ü|ßen ▬ die Pl|a|ge ▬ der R|e|tter ● r|a|ffen ●

sp|ie|len ▬ sich |aa|len ▬ gr|ö|ßer ▬ die B|ee|re ▬

n|a|gen ▬ schw|a|mmig ● der R|ie|men ▬

② Ordne die Wörter aus Aufgabe 1 in die Tabelle ein.

▬ mit ie	▬ mit ß	▬ mit doppeltem Vokal
die Miene	die Soße	die Waage
spielen	grüßen	sich aalen
der Riemen	größer	die Beere
▬ mit Doppellaut	**▬ mit einfachem Vokal**	**● mit einfachem Vokal**
reimen	rosa	der Retter
die Häuser	die Plage	raffen
die Eule	nagen	schwammig

korrigiert: ☆ Ich kann lang und kurz gesprochene Vokale unterscheiden.

① Schreibe hier alle Wörter von S. 22 mit langem Vokal auf und zeichne Silbenbögen darunter.

Miene, reimen, Soße, rosa, Waage, Eule,
grüßen, Plage, spielen, aalen, größer, Beere,
nagen, Riemen, Häuser

② Schreibe hier alle Wörter von S. 22 mit kurzem Laut auf und zeichne Silbenbögen darunter.

Retter, raffen, schwammig

③ Kreise offene Silben braun ein, geschlossene Silben schwarz.

Kas Sche Spit rie räu ren Schol See

④ Setze die Silben aus Aufgabe 3 mit diesen Silben zu Wörtern zusammen.

le re sig se zer le men nen

Scholle, Kasse, Schere, Spitzer,
riesig, räumen, rennen, Seele

korrigiert: ☆

① Entscheide, ob ein i oder ein ie in die Lücken gehört. Beweise mit ▬ oder ●.

der M|i|ttag ● die B|i|rne ● d|ie|nen ▬ die B|ie|gung ▬

f|i|nden ● die G|ie|ßkanne ▬ das B|ie|st ▬ fl|i|mmern ●

das Pap|ie|r ▬ der Fr|ie|den ▬ die L|i|ppe ● spr|i|tzen ●

Suche selbst drei Wörter mit i geschrieben:

Drei Wörter mit ie geschrieben: Zeige deine Wörter einem Erwachsenen.

② Finde die Wortverwandten. Zeichne Silbenbögen ein.

Nomen	Verb	Adjektiv
der Spiegel	spiegeln	verspiegelt
der Biss	beißen	bissig
das Fieber	mitfiebern	fiebrig
der Griff	greifen	greifbar
die Liebe	lieben	lieblich
die Gier	gieren	gierig
der Gebieter	gebieten	gebieterisch
die Ziehung	ziehen	anziehend

Was fällt dir auf?
Das **ie** ist immer am Ende einer offenen Silbe. Bei einsilbigen Formen kann man einen zweisilbigen Wortverwandten finden.

③ Suche zu diesen Nomen die passenden Verben.

der Marsch – marschieren
das Interesse – interessieren
das Experiment – experimentieren
das Foto – fotografieren
die Hälfte – halbieren
die Operation – operieren
die Kontrolle – kontrollieren
der Spaziergang – spazieren

Markiere den Endbaustein farbig. Er heißt ieren.

④ In dem Suchsel verstecken sich die wir-Präteritumformen dieser Verben:
rufen, verzeihen, laufen, schweigen, fallen, raten, verleihen, bleiben, schreien, steigen.

c	z	r	a	o	s	c	h	w	i	e	g	e	n	c
c	u	h	b	h	j	h	y	b	z	k	h	e	e	q
v	k	k	s	i	q	f	e	v	l	p	c	l	r	x
e	g	u	j	h	x	q	q	e	l	i	c	o	i	s
r	x	v	a	o	x	l	r	r	n	n	e	m	e	j
z	s	k	f	h	b	g	z	l	b	k	j	b	f	m
i	t	e	i	m	g	q	o	i	e	y	n	r	e	n
e	i	k	e	c	u	l	t	e	p	e	v	a	n	n
h	e	f	l	b	s	c	i	h	f	d	a	n	n	r
e	g	o	e	v	c	c	e	e	r	l	j	e	d	s
n	e	y	n	n	h	c	i	n	t	k	t	m	m	f
i	n	c	p	e	r	l	y	c	l	e	h	w	t	h
r	g	c	a	i	i	u	h	g	i	m	g	i	b	m
f	w	p	t	y	e	i	o	r	c	q	k	y	c	y
q	j	d	m	f	n	z	d	a	i	o	x	n	k	w

wir schwiegen
wir riefen
wir verziehen
wir rieten
wir blieben
wir liefen
wir fielen
wir stiegen
wir schrien
wir verliehen

Ich kann entscheiden, ob ich i oder **ie** schreiben muss.

korrigiert: ☆

Welle Boje Qualle Krake schwimmen Flosse Blase
Algen Steine dunkel Krabbe graben (See-)Sterne Anker

① Markiere die ersten Vokale (Selbstlaute) der Wörter mit ▬ und ●.

② Ordne die Wörter aus dem Bild in die Tabelle.
Schreibe in Silben getrennt.

▬	● mit unterschiedlichen Konsonanten (Mitlauten)	● mit zwei gleichen Konsonanten (Mitlauten)
Bla-se	Al-gen	Wel-le
Kra-ke	dun-kel	Krab-be
Bo-je	(See-)Ster-ne	schwim-men
Stei-ne	An-ker	Flos-se
gra-ben		Qual-le

Denk daran ...

Nach einem ▬ Vokal kommt 1 Konsonant.
Nach einem ● Vokal kommen mindestens 2 Konsonanten.
Entweder unterschiedliche oder zwei gleiche.

③ Entscheide über die richtige Schreibung. Begründe mit ▬/●.

s/ss: das Gewi ss en, wach s en, die Ma ss e, der Ha s e

t/tt: be tt eln, die Trompe t e, ra t en, das Balle tt , igi tt

m/mm: der Ja mm er, die Da m e, so mm erlich, die Tro mm el

n/nn: ke nn en, der Ka n on, die Ka n te, er re nn t, so nn ig

r/rr: die Ka rr e, die Schnu r , die Pe r le, i rr , haa r ig

f/ff: der Li f t, das U f er, die Di ff erenz, ho ff entlich

l/ll: die Kno ll e, sie so ll , das Ato ll , bi ll ig, die Po l izei

p/pp: der Ra p s, der O p a, die Li pp e, do pp elt, es ki pp t

g/gg: der Ba gg er, der Ro gg en, der Hü g el, der Bü g el

④ Finde weitere Verwandte aus der Wortfamilie.
Das Wörterbuch kann dir helfen.

das Schwimmbad

Schwimm
schwimm

hoffentlich

Hoff
hoff

Zeige deine Wörter einem Erwachsenen.

korrigiert: ☆

① Finde einen zweisilbigen Wortverwandten, um den Doppelkonsonanten mit Silben zu beweisen.

der Kussmund – küs sen
wissbegierig – wis sen
der Dummkopf – der Dum me
die Bettdecke – die Bet ten
stillstehen – die Stil le
der Treffpunkt – tref fen
die Wollsocken – die Wol le
kennzeichnen – ken nen

② Kreuzworträtsel. Finde das Lösungswort.

1 KÜMMEL
2 VOLLMILCH
3 PUDDING
4 SESSEL
5 LOTTO
6 NUSSKNACKER
7 GITARRE
8 DÜNNDARM
9 TEPPICH

1 Ein Gewürz, das meist ins Sauerkraut kommt …
2 Milch mit 3,5 % Fettgehalt …
3 Eine Süßspeise, z. B. mit Schokoladen- oder Vanillegeschmack …
4 Eine weiche Sitzgelegenheit …
5 Ein Glücksspiel, um Millionen zu gewinnen …
6 Ein Gerät zum Öffnen von Nüssen …
7 Ein Saiteninstrument …
8 Ein Teil des Verdauungstraktes …
9 Ein weicher Bodenbelag …

Lösung: Doppelkonsonant

③ Achtung!
Hier hat nicht die Verwandtschaft Vorrang, sondern ▬ oder ●.

Grundform	ich-Form Präteritum	er-Form Perfekt
beißen	ich biss	er hat gebissen
bitten	ich bat	er hat gebeten
fließen	ich floss	er ist geflossen
greifen	ich griff	er hat gegriffen
kommen	ich kam	er ist gekommen
leiden	ich litt	er hat gelitten
schneiden	ich schnitt	er hat geschnitten
treffen	ich traf	er hat getroffen

④ Fasse folgende Erklärungen jeweils zu einem Wort zusammen.

ein Tuch fürs Bett = das Betttuch
eine Tänzerin im Ballett = die Balletttänzerin
eine Fahrt auf dem Schiff = die Schifffahrt
ein schneller Läufer = der Schnellläufer
ein Fetzen aus Stoff = der Stofffetzen
eine Liste zum Bestellen = die Bestellliste
eine Tür zur Werkstatt = die Werkstatttür

?! Finde selbst weitere Dreier-Wörter.

Ich weiß, wann ich Doppelkonsonanten schreiben muss.

Zeige deine Wörter einem Erwachsenen.

korrigiert: ☆

Doppelkonsonanten ck und tz

① Entscheide, ob die Wörter mit k oder ck geschrieben werden. Begründe mit ▬ oder ●.

die Mar_k_e   die Kra_k_e   bestü_ck_en   das Gebä_ck_

da̱n_k_en   re̱_ck_en   die Lu̱_k_e   po̱_k_ern

zi̱_ck_ig   die Glü̱_ck_e   die Za̱_ck_e   aushe̱_ck_en

der Na̱_ck_en   wo̱l_k_ig   entzü̱_ck_end

② Entscheide, ob die Wörter mit z oder tz geschrieben werden. Begründe mit ▬ oder ●.

die Gla̱_tz_e   hei_z_en   die He̱_tz_e   der Bli̱_tz_

pla̱_tz_en   der Kau_z_   her_z_lich   der Gla̱n_z_

grun_z_en   die La̱_tz_hose   pe̱_tz_en   spi̱_tz_

die Kreu_z_ung   ho̱l_z_ig   pro̱_tz_en   der Pri̱n_z_

③ Hier ist Platz für deine Lieblingswörter mit Doppelkonsonant.

Zeige deine Wörter einem Erwachsenen.

korrigiert: ☆   Ich weiß, wann ich tz und ck verwenden muss.

Merkwörter einprägen

① Sammle hier Ideen und Übungen zum Einprägen von Merkwörtern.

Schreibe deine Merkwörter auf ein Plakat. Schreibe sie bunt, ganz groß und besonders ordentlich. Hänge dein Plakat an einer Stelle auf, wo du es oft siehst.

Markiere die Merkstellen immer besonders: durch Einkreisen, mit Leuchtfarben …

Suche dir einen Partner, der dir deine Merkwörter diktiert.

Schreibe Wörter aus der Wortfamilie des Merkwortes auf, z. B. viel, vielleicht, viele, Vielerlei …

Denke dir Sätze oder Unsinnsätze mit den Merkwörtern aus.

Richtig viel schreiben hilft. Schreibe eine ganze Zeile deines Merkwortes. Oder zehn Zeilen. Oder eine ganze Seite. Oder gestalte eine Seite zu deinem Merkwort am Computer.

Wenn du andere Ideen aufgeschrieben hast, zeige sie einem Erwachsenen.

korrigiert: ☆

Dehnungs-h: Merkwörter

① Ordne diese Wörter. Markiere den Vokal und h.

die Fähre, mühsam, bohren, der Kühlschrank, der Bahnhof, die Bohne, gefährlich, der Lohn, mehr, die Wahl, während, das Ohr, ohne, das Jahr, befehlen, der Autofahrer, kehren, der Verkehr, belohnen, mitnehmen, obwohl, der Befehl, rührend, die Mühle, mehlig, der Fehler, der Stuhl, dehnen, der Uhrzeiger, der Rahmen, gewöhnen

Wörter mit ah/äh: die Fähre, der Bahnhof, gefährlich, die Wahl, während, das Jahr, der Autofahrer, der Rahmen

Wörter mit oh/öh: bohren, die Bohne, der Lohn, das Ohr, ohne, belohnen, obwohl, gewöhnen

Wörter mit uh/üh: mühsam, der Kühlschrank, rührend, die Mühle, der Stuhl, der Uhrzeiger

Wörter mit eh: mehr, befehlen, kehren, der Verkehr, mitnehmen, der Befehl, mehlig, der Fehler, dehnen

② Suche zu diesen Wortstämmen verwandte Wörter. Markiere den Wortstamm.

LOHN

Zeige deine Wörter einem Erwachsenen.

KÜHL

FEHL

③ Bilde zusammengesetzte Nomen. Schreibe sie mit ihren Begleitern auf.

STRAẞEN   RUTSCH   GEISTER   ACHTER

BAHN

HOF   STEIG   RODEL

die Straßenbahn, die Rutschbahn, die Geisterbahn, die Achterbahn, der Bahnhof, der Bahnsteig, die Rodelbahn

④ Bilde zusammengesetzte Nomen. Schreibe sie mit ihren Begleitern auf.

KAFFEE   PFEFFER   WIND

MÜHL(E)

ZWICK   STEIN   SPIEL   RAD

die Kaffeemühle, die Pfeffermühle, die Windmühle, die Zwickmühle, der Mühlstein, das Mühlespiel, das Mühlrad

korrigiert: ☆

Merkwörter mit V/v

(1) Kreise die V/v gesprochen wie w (rot) ein.

Kreise die V/v gesprochen wie f (blau) ein.

das Klavier • das Verb • der Vokal • nervös
das Viertel • die Vitamine • die Konserven
der Virus • der Advent • das Video • vierzig
das Volk • der Pullover  • der Vampir • voll
die Lava • der Dativ • das Viereck • kurvig

(2) Setze jedes der folgenden Wörter sinnvoll mit einem Wort aus Aufgabe 1 zusammen.

vierzig tausend	der Doppel vokal
der Lava strom	die Voll milch
der Rollkragen pullover	der Vampir zahn
der Advents kranz	die Konserven dose
das Volks fest	das Video spiel
die Virus grippe	der Viertel kreis

(3) Schreibe die übrigen Wörter aus Aufgabe 1 nach dem ABC geordnet auf.

der Dativ, das Klavier, kurvig, nervös,

das Verb, das Viereck, die Vitamine

korrigiert: ☆ Ich habe mir Wörter mit V/v gemerkt.

Merkwörter mit ä

(1) Markiere das ä in diesen Wörtern rot.

der Kapitän	der Kapitän	der Kapitän
das Märchen	das Märchen	das Märchen
mädchenhaft	mädchenhaft	mädchenhaft
sägen	sägen	sägen
tränenreich	tränenreich	tränenreich
später	später	später
der Maikäfer	der Maikäfer	der Maikäfer
die Käserei	die Käserei	die Käserei
die Lärmbelastung	die Lärmbelastung	die Lärmbelastung
bärenstark	bärenstark	bärenstark
der Mähdrescher	der Mähdrescher	der Mähdrescher
währenddessen	währenddessen	währenddessen

(2) Schreibe die Wörter einmal in die zweite Spalte ab. Kontrolliere Buchstabe für Buchstabe.

(3) Merke dir jeweils ein Wort, decke es ab und schreibe es in der dritten Spalte auswendig auf. Kontrolliere dann Buchstabe für Buchstabe.

(4) Bilde mit ä-Wörtern zusammengesetzte Wörter.

der Eis bär	der Streich käse
der Lärm schutz	die Motor säge
der Marien käfer	der Schiffs kapitän
das Märchen buch	der Rasen mäher

korrigiert: ☆

Merkwörter mit lang gesprochenem i

(1) Setze zu Wörtern zusammen und schreibe auf. Markiere das lang gesprochene i immer rot.

Keros, Delf, Zeppel, Berl, Baldach — in

Viol, Christ, Ros, Mandar, Terr — ine

Kerosin, Delfin, Berlin, Baldachin, Zeppelin,

Violine, Christine, Mandarine, Terrine, Rosine

(2) Setze das passende Wort aus Aufgabe 1 ein. 

1 Der Treibstoff für Flugzeuge: Kerosin
2 Ein Mädchenname: Christine
3 Die Hauptstadt Deutschlands: Berlin
4 Eine Zitrusfrucht: Mandarine
5 Eine getrocknete Weintraube: Rosine
6 Ein Stoffdach über dem Bett: Baldachin
7 Ein Säugetier im Meer: Delfin
8 Ein Luftschiff: Zeppelin
9 Eine Suppenschüssel (franz.): Terrine
10 Ein Streichinstrument/Geige: Violine

korrigiert: ☆

Merkwörter mit Doppelvokal

(1) Suchsel. Finde die 15 Wörter mit Doppelvokalen (Doppelselbstlauten).

K	S	Q	e	C	X	U	h	q	K	a	f	f	e	e	L	o
x	a	X	r	N	J	H	g	B	J	E	g	O	y	N	c	l
p	A	B	I	a	r	V	e	L	d	y	c	K	M	I	P	Y
L	w	h	G	A	U	G	G	B	M	f	p	Y	O	Q	M	Y
y	J	M	Z	A	o	N	w	r	o	Z	M	S	S	k	o	v
H	l	f	m	l	X	H	d	f	s	j	M	r	t	p	o	e
a	t	B	U	M	e	D	b	n	c	F	t	k	T	a	s	q
a	A	K	z	d	S	e	T	J	h	Y	Q	C	C	y	a	m
r	F	K	N	o	n	o	r	R	e	S	t	M	F	U	n	t
e	U	Z	z	o	r	W	d	u	e	K	r	E	N	C	q	M
S	X	i	o	f	F	g	P	k	p	a	N	W	G	J	t	h
a	l	k	T	o	C	i	i	d	a	Y	Y	z	p	t	O	W
a	l	d	G	k	h	W	F	P	X	q	g	W	o	m	V	F
l	K	Q	e	f	N	a	Z	A	h	x	E	o	A	J	z	p
M	o	o	r	e	D	a	a	u	l	o	B	O	F	O	N	O
O	z	z	k	Z	e	g	A	S	C	k	I	V	J	V	s	k
q	f	T	X	r	B	e	e	t	H	A	z	p	g	u	c	K

(2) Ordne die Wörter in die Tabelle ein.

aa	ee	oo
Haare	leer	Zoo
Saal	Idee	Moore
Staat	Beet	Moos
Paar	Moschee	Boot
Waage	Kaffee	doof

Ich habe mir Wörter mit Doppelvokal gemerkt. korrigiert: ☆

Merkwörter mit ß

① Schreibe diese Wörter nach dem ABC geordnet auf.

Soße – gießen – groß – süß – Straße – heiß – beißen – Floß – fließen – zerreißen – Stoß – spießig

beißen, fließen, Floß, gießen, groß,

heiß, Soße, spießig, Stoß, Straße,

süß, zerreißen

Markiere das ß rot und den Vokal davor mit ▬ oder ●.
Was fällt dir auf? ß kommt nur nach einem langen Vokal.

② Entscheide, ob die Wörter mit ß oder ss geschrieben werden.
Beweise mit ▬ und ●.

der Tortengu ss – der Abschiedsgru ß

der Fu ß – der Flu ss   das Flo ß – die Flo ss en

abschlie ß en – verschli ss en

be ss er – bei ß en   gro ß – kro ss

③ Achtung! Hier ist der kurze ● bzw. lange ▬ Vokal wichtiger als die Wortverwandtschaft.

Grund-form	Präsens (Gegenwart)		Präteritum (1. Vergangenheit)	
lassen	er/sie lässt	wir lassen	er/sie ließ	wir ließen
gießen	ich gieße	wir gießen	ich goss	wir gossen
schießen	ich schieße	wir schießen	ich schoss	wir schossen
fressen	es frisst	sie fressen	es fraß	sie fraßen

korrigiert: ☆

Fremdwörter

① Verbinde jedes Fremdwort mit der passenden Erklärung.

Herkunft	Fremdwort	Erklärung
lat.	Funktion	vorhanden sein
franz.	Experte	Staatsangehörigkeit
lat.	Qualifikation	Aufgabe oder Amt
franz.	generell	bestimmte Fähigkeit/ Ausscheidungsrunde (Sport)
lat.	existieren	immer gültig/im Allgemeinen
lat.	Nationalität	wegnehmen/abziehen
lat.	subtrahieren	Fachmann

② Markiere in den Fremdwörtern aus Aufgabe 1 die schwierigen Stellen rot.
Finde heraus, aus welchen Sprachen diese Wörter stammen.

③ Schreibe hier jedes Fremdwort eine Zeile lang.
Verwende verschiedene Farben.

Funktion, Funktion, Funktion, Funktion, Funktion, Funktion

Experte, Experte, Experte, Experte, Experte, Experte, Experte

Qualifikation, Qualifikation, Qualifikation, Qualifikation, Qualifikation

generell, generell, generell, generell, generell, generell, generell

existieren, existieren, existieren, existieren, existieren, existieren

Nationalität, Nationalität, Nationalität, Nationalität, Nationalität

subtrahieren, subtrahieren, subtrahieren, subtrahieren, subtrahieren

korrigiert: ☆

h zwischen zwei Vokalen

① Zeichne unter die Wörter Silbenbögen.
Kreise die Wörter, bei denen du das h hören kannst, grün ein.

die Ruhe   das Stroh   näher   die Verzeihung

sie sieht   fröhlich      der Floh   er mäht   die Reihe

der Schuhkarton   er verzeiht   der Gehstock   die Naht

② Wenn du das h gut hören kannst,

steht es zwischen zwei Vokalen.

③ Die anderen Wörter kannst du verlängern, um das h hörbar zu machen. Zeichne auch hier Silbenbögen ein.

das Stroh ⇝ strohig

sie sieht ⇝ sehen

fröhlich ⇝ frohe

der Floh ⇝ die Flöhe

er mäht ⇝ mähen

der Schuhkarton ⇝ die Schuhe

er verzeiht ⇝ verzeihen

der Gehstock ⇝ gehen

die Naht ⇝ nähen

④ Bilde zusammengesetzte Wörter.
Achtung: Du musst die Wörter leicht verändern!

weihen   drohen   sehen   drehen   nähen

die Leiter   der Brief   die Maschine   die Nacht   der Test

der Drohbrief, die Nähmaschine, der Sehtest, die Drehleiter,

die Weihnacht

⑤ Ergänze die Tabelle.

Grundform	ich-Form	du-Form	er/sie/es-Form
ziehen	ich ziehe	du ziehst	er/sie/es zieht
gehen	ich gehe	du gehst	er/sie/es geht
mähen	ich mähe	du mähst	er/sie/es mäht
bedrohen	ich bedrohe	du bedrohst	er/sie/es bedroht
nähen	ich nähe	du nähst	er/sie/es näht
fliehen	ich fliehe	du fliehst	er/sie/es flieht

⑥ Finde Wortzusammensetzungen mit Früh-.

das Frühstück

Zeige deine Wörter einem Erwachsenen.

Ich kann das **h** zwischen zwei Vokalen hörbar machen.

korrigiert: ☆

① Markiere die Fehler. Erkläre sie und berichtige sinnvoll.

Fehler	Erklärung	Hilfe(n)
stosen	ß, weil langer ▬ Selbstlaut	

stoßen, wegstoßen, umstoßen

Fehler	Erklärung	Hilfe(n)
das Gewant	d, weil Gewänder	

das Gewand, die Gewänder

Fehler	Erklärung	Hilfe(n)
bestimen	mm, weil kurzer • Selbstlaut	•

bestimmen, die Bestimmtheit, die Bestimmung, sie bestimmt

Fehler	Erklärung	Hilfe(n)
die kesten	K, weil Nomen; ä, weil Kasten	

die Kästen, der Kasten

So kannst du auch deine Fehlerwörter berichtigen.

② Hier ist Platz für deine Fehlerwörter.

Fehler	Erklärung	Hilfe(n)

Fehler	Erklärung	Hilfe(n)

Fehler	Erklärung	Hilfe(n)

Fehler	Erklärung	Hilfe(n)

Zeige deine Lösung einem Erwachsenen.

korrigiert: ☆

① Wichtige Signalwörter für Nomen. Verbinde richtig.

- Artikel/Begleiter — der, die, das, ein, eine
- Präpositionen mit „versteckten" Artikel — aufs (auf das), beim (bei dem)
- Pronomen — mein, dein, sein, euer, ihr
- Adjektive mit Artikel — ein rotes …, das schöne …
- Zahlwörter — ein, zwei, drei, viele, alle

② Suche mithilfe der Signale die Nomen.

a) Markiere die Anfangsbuchstaben farbig. Unterstreiche die Signale. Die Anzahl der Fehler steht immer am Ende des Absatzes.

> Beim ausflug begegnete meine familie einem schäfer mit einer riesigen herde. Mein vater ging aufs feld und sprach mit dem mann. „Sind das alles Ihre tiere?", fragte mein vater. (9)
> „Ja, ich habe eine große herde. Sie hat zweihunderteinundvierzig tiere", antwortete der schäfer freundlich. Mein vater fragte den schäfer: „Woher wissen Sie das so genau?" Dieser antwortete: „Ich zähle immer alle beine und teile sie durch vier." (6)

b) Schreibe die Geschichte richtig ab.

Beim Ausflug begegnete meine Familie einem Schäfer mit einer riesigen Herde. Mein Vater ging aufs Feld und sprach mit dem Mann. „Sind das alles Ihre Tiere?", fragte mein Vater. „Ja, ich habe eine große Herde. Sie hat zweihunderteinundvierzig Tiere", antwortete der Schäfer freundlich. Mein Vater fragte den Schäfer: „Woher wissen Sie das so genau?" Dieser antwortete: „Ich zähle immer alle Beine und teile sie durch vier."

korrigiert: ☆

① Silbenrätsel.
Setze die Puzzleteile zu sinnvollen Nomen (Namenwörtern) zusammen.

Trennung, Botschaft, Landschaft, Wachstum, Rinnsal, Heiterkeit, Eitelkeit, Gemeinheit, Bildung, Wildnis

② Markiere bei Aufgabe 1 alle Endbausteine mit ⌊⌋. Die Endbausteine heißen:

Diese Endbausteine sind Beweise für Nomen.

keit, ung, tum, heit, nis, schaft, sal

③ Setze passende Wörter aus Aufgabe 1 in die Lücken ein.

Der Fluss ist fast vertrocknet. Er fließt nur noch als Rinnsal.

Das ist eine Gemeinheit!

Schau dir diese wunderbare Landschaft an.

Calcium ist wichtig für das Knochen wachstum.

In der Wildnis Australiens leben viele bedrohte Tierarten.

korrigiert: ☆

Großschreibung von Nomen – Endbausteine (2)

① Bilde mit den passenden Endbausteinen Nomen.
Ordne in die Tabelle ein und markiere die Endbausteine mit ⌞⌟.

erklären erleben ehrlich albern anstecken
bitter gemein vergiften gefangen unverstanden
übel frei verstehen quetschen errungen
herrschen möglich unversehrt ereignen gemein

ung	heit	keit
Erklärung	Gemeinheit	Bitterkeit
Vergiftung	Freiheit	Übelkeit
Quetschung	Unversehrtheit	Möglichkeit
Ansteckung	Albernheit	Ehrlichkeit
nis	**schaft**	
Erlebnis	Herrschaft	
Verständnis	Gefangenschaft	
Ereignis	Errungenschaft	
Unverständnis	Gemeinschaft	

Manche Wörter musst du stark verändern.

?! Forsche nach Nomen mit Endbausteinen. Schreibe sie auf und markiere die Endbausteine.

Zeige deine Nomen einem Erwachsenen.

② In den Lücken fehlen die passenden Endungen.
Setze ⌞er⌟, ⌞in⌟ und ⌞innen⌟ ein.

Meine Freund⌞in⌟ heißt Leonie.

Wir haben an der Schule acht Lehrer⌞innen⌟.

Mein Vater ist von Beruf Mal⌞er⌟.

Freiwillige Helf⌞er⌟ und Helfer⌞innen⌟ gesucht!

Viele Jungen träumen von einer Karriere als Fußballspiel⌞er⌟.

Die Ärzt⌞in⌟ gab Kilian eine Spritze.

Du findest 6 Fehler!

③ Fehlersuche! Die Endbausteine helfen dir.
Unterstreiche die Fehler.

Die wildnis Afrikas lässt sich am besten bei einer Safari erkunden. Dabei erhält man einen Eindruck von den vielfältigen landschaften und dem artenreichtum der Tierwelt. Die schönheit des Kontinents ist schützenswert und bedarf der unterstützung, um deren erhaltung zu gewährleisten.

④ Schreibe den Text hier richtig auf.

Die Wildnis Afrikas lässt sich am besten bei einer Safari erkunden.
Dabei erhält man einen Eindruck von den vielfältigen Landschaften
und dem Artenreichtum der Tierwelt. Die Schönheit des Kontinents
ist schützenswert und bedarf der Unterstützung, um deren
Erhaltung zu gewährleisten.

Ich erkenne Nomen an ihren Endbausteinen. korrigiert: ☆

Groß- und Kleinschreibung von Zeitangaben

Diese Zeitangaben schreibt man immer klein.

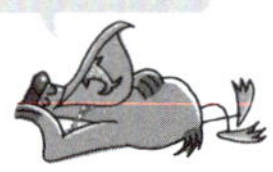

① Trage diese Zeitangaben in die Zeitleiste ein.

gestern vorgestern morgen übermorgen

vorgestern – gestern – heute – morgen – übermorgen

Diese Zeitangaben schreibt man immer groß.

② Nummeriere die Tageszeiten in der richtigen Reihenfolge.
Schreibe die Tageszeiten geordnet auf.

(2) der Vormittag (1) der Morgen (6) die Nacht
(5) der Abend (4) der Nachmittag (3) der Mittag

der Morgen, der Vormittag, der Mittag, der Nachmittag, der Abend,
die Nacht

③ Setze verschiedene Zeitangaben zusammen.
Markiere die Anfangsbuchstaben.

gestern Abend

Zeige deine Lösung einem Erwachsenen.

④ Ergänze die Lücken sinnvoll.

Lucia schreibt Zeige deine Lösung eine Probearbeit.

Meine Eltern besuchten einem Erwachsenen. ein Konzert.

Das Fußballspiel wird ________ ________ live übertragen.

⑤ Signalwörter für die Großschreibung von Zeitangaben.
Finde Beispiele mit den Zeitangaben von S. 48 und schreibe sie auf.

der am gegen den bis eines

der Morgen, am Morgen,

Zeige deine Wörter einem Erwachsenen.

Erkennungszeichen s: morgens, mittags, ... wird kleingeschrieben.

⑥ Setze zu allen Tageszeiten von S. 48 ein s an das Wortende.

morgens, vormittags, mittags, nachmittags, abends,
nachts

⑦ Ordne.

AM ABEND, MORGENS, GEGEN MITTAG, ÜBERMORGEN, ABENDS, MONTAGVORMITTAGS, EINES SCHÖNEN ABENDS, MITTAGS, DEN GANZEN VORMITTAG, SONNTAGS, DER DIENSTAG

Zeitangaben – großgeschrieben	Zeitangaben – kleingeschrieben
am Abend, gegen Mittag,	übermorgen, morgens, abends,
eines schönen Abends,	montagvormittags, mittags,
den ganzen Vormittag,	sonntags
der Dienstag	

korrigiert: ☆

Großschreibung von Verben

Verben, die in Namenwörter verwandelt werden, musst du großschreiben.

① Erinnere dich: Signalwörter für die Großschreibung von Verben (Tunwörtern). Verbinde richtig und ergänze die Lücken.

Signalwörter	verbunden mit
der, die, das, ein, eine	Artikel: Das R ennen ist verboten!
mein, dein, sein, euer, ihr	Pronomen: Ich freue mich auf unser T reffen.
schnell, alt, schön	Adjektive: langsames F ahren, lautes L achen
beim, am, zum, vom, im	Präpositionen: Ich erkenne Henry am B ellen.

② Ergänze für dich passende Verben.

Ich bin gut im Fliegen.

a) Markiere das Signalwort und den Anfangsbuchstaben.

Ich bin gut im ______

Ich bin gut im Zeige deine Sätze einem Erwachsenen.

Ich bin gut im ______

Ich bin gut im ______

b) Ergänze die passende Präposition (Verhältniswort) und den Wortanfang.

Am Nachmittag kommt Nora vom Sch wimmen nach Hause.

Leon war beim T urnen. Sie sind müde vom T rainieren. In den Ferien wollen sie sich gemeinsam Zeit zum R adeln nehmen.

③ Schreibe die Geschichte richtig ab.

Am Nachmittag kommt Nora vom Schwimmen nach Hause.

Leon war beim Turnen. Sie sind müde vom Trainieren.

In den Ferien wollen sie sich gemeinsam Zeit zum Radeln nehmen.

④ Ergänze die Lücken im Brief.

gut/benehmen — schön/musizieren — fleißig/üben — fröhlich/treffen

Lieber Sebastian,

dein gutes Benehmen auf meiner Geburtstagsfeier hat mich sehr gefreut. Dein schönes Musizieren hat großen Eindruck bei mir hinterlassen. Ich sehe, dein fleißiges Üben hat sich gelohnt.

Ich freue mich schon auf weitere fröhliche Treffen!

Deine Oma

⑤ Verbinde die passenden Adjektive und Verben. Bilde Sätze, in denen das Verb zum Nomen wird.

laut — schnell — leise — langsam — fröhlich

rennen — schreien — bummeln — lachen — flüstern

(laut – schreien, schnell – rennen, leise – flüstern, langsam – bummeln, fröhlich – lachen)

Zeige deine Sätze einem Erwachsenen.

korrigiert: ☆

Großschreibung von Adjektiven

Adjektive, die in Nomen verwandelt werden, musst du großschreiben.

Signalwörter für Adjektive, die als Nomen verwendet werden:

Artikel (Begleiter):
der, die, das, ein, eine
Das Gute siegt über das Böse.

Pronomen (Fürwörter):
mein, dein, sein, ihr, unser, euer, …
Das letzte Schuljahr war mein Schönstes.

Wörter, die Mengen beschreiben:
viele, kein, alle, wenig
Ich habe schon viel Interessantes über ihn gehört.

① Setze das passende Adjektiv mit dem passenden Artikel ein.

arm — gut — blau — schön — schwierig

Im Theater war die Musik das Schönste. Ich wünsche mir immer, dass in Filmen das Gute siegt.

An Sonnentagen gefällt mir das Blau des Himmels.

Wir sammeln Spenden für die Armen.

Das Schwierige erledige ich immer sofort.

Nach einem zum Nomen verwandelten Adjektiv steht kein anderes Nomen.

② Finde heraus, welche Adjektive zu Nomen geworden sind. Unterstreiche sie und schreibe den Text dann richtig ab.

Gestern haben wir eine NEUE Lehrerin bekommen. Jeder wartete gespannt auf die NEUE. Unser ALTER Lehrer war bei uns sehr BELIEBT. Er hatte den Spitznamen der LUSTIGE. Ob wir die NEUE Lehrerin wohl die LUSTIGE oder die FREUNDLICHE nennen werden?

Gestern haben wir eine neue Lehrerin bekommen. Jeder wartete gespannt auf die Neue. Unser alter Lehrer war bei uns sehr beliebt. Er hatte den Spitznamen der Lustige. Ob wir die neue Lehrerin wohl die Lustige oder die Freundliche nennen werden?

③ Ergänze die Lücken.

der Alte	→	der alte Schuh
der Reiche	→	die reiche Ernte
das Schöne	→	das schöne Konzert
die Richtige	→	die richtige Lösung

Finde eigene Beispiele. Zeige deine Beispiele einem Erwachsenen.

④ Setze die passenden Mengenwörter und Adjektive in die Lücken ein.

viel/neu — In der Zeitung steht heute viel Neues.

alles/wichtig — Auch im Radio kannst du alles Wichtige erfahren.

viel/interessant — In den Nachrichten gab es heute viel Interessantes zu sehen.

wenig/erfreulich — Man sieht dort meist wenig Erfeuliches.

⑤ Bilde mit diesen Wörtern selbst Sätze.

Alles Gute kommt von oben.

etwas Schönes — alles Gute — wenig Altes

Zeige deine Sätze einem Erwachsenen.

korrigiert: ☆

Besonders schwierige Wörter

plötzlich, spazieren, vorbeifahren, Vorliebe, vielleicht, genießen, draußen, Verwandte, davon, Interesse, zurückgehen, Kuckuck, Behälter, Saal, informieren, gewöhnen, während, sieht, befehlen, davor, ungefähr, Speer, fehlen, Kaffee, länglich, mahlen, wiederholen, vollenden, umsetzen

(1) Ordne die Wörter und markiere die Knackstellen.

Wörter mit Knackstellen zum Merken	Wörter mit Knackstellen zum Nachdenken
genießen	vielleicht
draußen	genießen
vorbeifahren	plötzlich
Vorliebe	spazieren
vielleicht	zurückgehen
Verwandte	Vorliebe
davon	informieren
Saal	Interesse
gewöhnen	während
während	sieht, umsetzen
befehlen, vollenden	Kuckuck
Kaffee, davor	Speer, länglich
ungefähr, Speer	Kaffee, Behälter
fehlen, mahlen	wiederholen, vollenden

(2) Ordne die besonders schwierigen Wörter genauer.

	Hilfe(n)	
Doppelkonsonant	b	plötzlich, Interesse, zurückgehen, vielleicht, Kuckuck, Kaffee, vollenden
h	c	gewöhnen, während, sieht, befehlen, fehlen, mahlen, vorbeifahren, ungefähr
Ver/ver, Vor/vor	g	vorbeifahren, Vorliebe, Verwandte
ä – a	f	Behälter, länglich
v	a, f	davon, davor
ß	a, f	draußen, genießen
aa/oo/ee	a, f	Saal, Speer, Kaffee
Sp/sp	e	spazieren, Speer

(3) Ordne den Knackstellen mögliche Hilfen zu.

a Wort mehrmals schreiben. Knackstelle hervorheben und merken.	b Auf den kurzen ● Selbstlaut achten.
c Auf den langen ▬ Selbstlaut achten.	d An die Beweise für Wortarten denken.
e Wörter mit der gleichen Knackstelle aufschreiben.	f Wortverwandte aufschreiben
g Auf Anfangsbausteine achten.	h Wort verlängern und trennen

korrigiert:

Getrennt- und Zusammenschreibung

Diese kleinen Wörter schreibt man immer getrennt:

gar nicht	gar nichts	so viel	so viele	zu viele
wie viel	wie viele	zu wenig	so wenig	zu sehr
so oft	zu oft	so etwas	zu groß	so gut
zu lange	wie lange	wie sehr	so sehr	
gar kein	gar keine	wie oft	wie gut	

(1) Ordne die Wörter.

zu: zu viele, zu wenig, zu oft, zu groß, zu lange, zu sehr

gar: gar nicht, gar nichts, gar kein, gar keine

so: so viel, so viele, so wenig, so oft, so etwas, so sehr, so gut

wie: wie viel, wie viele, wie oft, wie lange, wie sehr, wie gut

Finde noch weitere Beispiele. Zeige deine Beispiele einem Erwachsenen.

(2) Setze passende Wörter ein. Schreibe den Satz nochmals mit anderen Lückenwörtern auf.

Das Theaterstück hat uns ____________ ____________ gefallen.

In der Turnhalle waren ____________ ____________ Zuschauer.

Leider hatte ich beim letzten Spiel ____________ ____________ Glück.

 Zeige deine Wörter einem Erwachsenen.

(3) Schreibe auf, womit man fahren kann.

Fahrrad fahren, Auto fahren, Schiff fahren, Bahn fahren, Rollschuh(e) fahren, Schlitten fahren, Roller fahren, Karussell fahren, Ski fahren, Fahrrad fahren

(4) Setze die Wörter aus Aufgabe 3 zusammen und schreibe sie auf. Markiere den Anfangsbuchstaben.

Werden die Wörter als Nomen verwendet, musst du sie großschreiben.

beim Fahrradfahren, beim Autofahren, beim Schifffahren, beim Bahnfahren, beim Rollschuhfahren, beim Schlittenfahren, beim Rollerfahren, beim Karussellfahren, beim Skifahren

(5) Immer klein und zusammen geschrieben. Ergänze den Wortanfang.

heim- statt- stand- irre-

heimkehren, irreführen, standhalten, stattfinden

Forsche nach weiteren Wörtern und schreibe sie auf.
Zeige deine Wörter einem Erwachsenen.

korrigiert:

Kommasetzung

① Lies dir die Sätze halblaut vor.

Ausflug

Die Sonne strahlte vom Himmel, als die Klasse 6b einen Ausflug zu einer Burg machte. Die Kinder stürmten zum Bus, obwohl ihr Lehrer es ihnen verboten hatte. Niemand konnte sie aufhalten, weil sich alle so sehr auf die Fahrt freuten. Am Ziel angekommen, wollten alle sofort aussteigen, da es viel zu sehen gab. Alle setzten sich auf eine Wiese, nachdem alles Wichtige besichtigt war. Die mitgebrachten Pausenbrote wurde nun verzehrt, sodass keiner hungrig nach Hause fahren musste.

② Markiere die Bindewörter in Aufgabe 1.

③ Wichtige Bindewörter

als bis da dass ob

obwohl sodass wenn nachdem weil

In jedem Satz fehlt ein Komma. Setze nun das fehlende Komma an der Stelle ein, an der du beim Sprechen eine Pause machst.

④ Tausche nun Haupt- und Nebensätze aus Aufgabe 1 und schreibe die Sätze auf. Zeige deine Sätze einem Erwachsenen.

?! Der Hauptsatz verändert sich. Erkläre wie.

Nach dem Komma kommt immer zuerst das Verb.

z. B. Als die Klasse 6b einen Ausflug zu einer Burg machte, strahlte die Sonne vom Himmel.

⑤ Setze das passende Bindewort ein.

a) Maria wäre im Schwimmbad nicht ausgerutscht, wenn sie nicht gerannt wäre.

b) Paul turnt heute mit, obwohl er erkältet ist.

c) Unser Bus fährt heute nicht, da/weil es zu glatt ist.

d) Du solltest warten, bis der nächste Zug kommt.

e) Anna und Mateja gehen Inline skaten, wenn sie ihre Hausaufgaben erledigt haben.

⑥ Verbinde die Sätze zu Hauptsatz und Nebensatz.

weil da sodass bis

a) Mein Bruder fährt ans Meer.
Er möchte surfen.

b) Ich warte mit dem Essen. Meine Eltern kommen um 13.00 Uhr.

c) Mein Opa geht heute mit uns ins Schwimmbad.
Er will uns eine Freude machen.

d) Ich packe heute meine Schultasche am Abend.
Ich habe morgen mehr Zeit.

Mein Bruder fährt ans Meer, weil/da er surfen möchte.

Ich warte mit dem Essen, bis meine Eltern um 13 Uhr kommen.

Mein Opa geht heute mit uns ins Schwimmbad, da/weil er uns eine Freude machen möchte.

Ich packe heute meine Schultasche am Abend, sodass ich morgen mehr Zeit habe.

korrigiert: ☆

Wörtliche Rede

Du erinnerst dich:
Vorangestellter Begleitsatz
Pascal erkundigt sich: „War die Englischarbeit schwer?"

Nachgestellter Begleitsatz
„War die Englischarbeit schwer?", erkundigt sich Pascal.

① Schreibe die Sätze mit den richtigen Satzzeichen auf.

Ich möchte bitte ein Eis mit Sahne sagt Alia ihrer Mutter

Kai meint Diese Mathematikaufgabe ist nicht schwierig

Anna ruft erfreut Dieses Buch habe ich mir schon lange gewünscht

Gehst du heute mit mir ins Kino fragt Ben Lisa

Alle Lichter bitte sofort anschalten bittet die Lehrerin

„Ich möchte bitte ein Eis mit Sahne", sagt Alia ihrer Mutter.

Kai meint: „Diese Mathematikaufgabe ist nicht schwierig."

Anna ruft erfreut: „Dieses Buch habe ich mir schon lange gewünscht!"

„Gehst du heute mit mir ins Kino?", fragt Ben Lisa.

„Alle Lichter bitte sofort anschalten", bittet die Lehrerin.

② Markiere die Redeteile und setze die fehlenden Satzzeichen ein.

„Herr Lehrer, würden Sie bitte mal den Hund streicheln?", fragt Flora. „Aber gerne, mein Kind, ein schönes Tier. Du bist sicherlich sehr stolz auf deinen Hund", erwidert der Lehrer. „Das ist nicht meiner. Ich wollte nur wissen, ob er beißt", antwortet Flora.

„Ich komme", kündigte sie an, „morgen Abend."

③ Schreibe diese Sätze mit einem eingeschobenen Begleitsatz:

Hendrik jammert: „Unser Deutschlehrer gibt unendlich viel Hausaufgaben."

„Unser Deutschlehrer", jammert Hendrik, „gibt unendlich viel Hausaufgaben."

Lass uns heute ins Hallenbad gehen", ruft Siri.

„Lass uns", ruft Siri, „heute ins Hallenbad gehen."

Lara meint: „Heute Abend muss ich noch ins Fußballtraining."

„Heute Abend", meint Lara, „muss ich noch ins Fußballtraining."

Luzie freut sich: „Sieh mal Paul, ich habe ein neues Fahrrad:"

„Sieh mal Paul", freut sich Luzie, „ich habe ein neues Fahrrad."

④ Markiere die Redeteile und setze die fehlenden Satzzeichen ein.

„Wer sich für dumm hält", sagt die Lehrerin, „soll bitte aufstehen." Alle Mädchen bleiben sitzen. Schließlich steht Max auf. „Max du?", staunt die Lehrerin. „Dein Zeugnis ist doch gar nicht schlecht", ergänzt sie. „Na ja", entgegnet Max, „Sie sollen nicht als einzige Dumme dastehen."

korrigiert: ☆

Alphabet (ABC)
Das Alphabet ist die Reihenfolge der 26 Buchstaben, die in unserer Sprache verwendet werden.

α β

Alpha und Beta, das sind die ersten beiden Buchstaben des griechischen Alphabets. Von ihnen stammt auch der Name „Alphabet“. Unser Alphabet geht auf das lateinische Alphabet zurück, das ursprünglich nur aus zwanzig Buchstaben bestand: A, B, C, D, E, F, H, I, K, L, M, N, O, P, Q, R, S, T, V und X. Heute haben wir 26 Buchstaben. Die fehlenden sechs: G, J, U, W, Y und Z kamen erst nach und nach dazu. Die jüngsten lateinischen Buchstaben, das J und das W, wurden vor etwa fünfhundert Jahren eingeführt.

Forsche nach, wie viele Buchstaben in Alphabeten anderer Sprachen verwendet werden.

Buchstaben
Buchstaben sind Zeichen, die wir schreiben und lesen können. Sie sind die kleinsten Bausteine des geschriebenen Wortes. Im 9. Jahrhundert erfolgte unter Kaiser Karl dem Großen eine große Schriftvereinheitlichung. Von diesem Zeitpunkt an verwendeten alle die gleiche Schrift.

Forsche nach, welche Buchstaben bei uns am häufigsten, welche am seltensten verwendet werden.

Laute
Laute gehören zur gesprochenen Sprache. Der Laut ist die kleinste Einheit des gesprochenen Wortes. Um Laute abzubilden, verwenden wir Buchstaben.

Forsche nach: Gibt es mehr Laute oder mehr Buchstaben?

Vokale (Selbstlaute)
Vokale können ohne Zuhilfenahme eines anderen Lautes gesprochen werden. Sie heißen deshalb auch Selbstlaute.

Forsche nach Wortpaaren, in denen der Vokal mal lang und mal kurz klingt, z. B.: Bett – Beet, er riet – er ritt

Doppellaute
sind Buchstabenkombinationen: au, ei, eu, äu, ai

Forsche nach: Welcher Doppellaut ist eigentlich für das richtige Schreiben überflüssig?

Konsonanten (Mitlaute)
sind eigentlich „stumm“ und werden mithilfe der Vokale ausgesprochen.

Welcher Konsonant wird meistens wie ein Vokal ausgesprochen? Finde Beispielwörter.

Verben
werden auch Tunwörter oder Zeitwörter genannt. Verben sind die wichtigsten Wörter. Sie sagen, was jemand tut oder was geschieht.
sie läuft, es brennt
An Verben erkennt man auch die Zeit, in der etwas geschieht.
sie lief, es brannte, es wird regnen
Mit Verben kann man die ich/du/er/sie/es/wir/ihr/sie-Form bilden, man kann sie deklinieren.
ich weiß, du weißt, er weiß, ihr wisst
Es gibt starke und schwache Verben. Bei den starken Verben ändert sich der Vokal im Wortstamm.
ich gehe, ich ging, ich bin gegangen
Bei den schwachen Verben bleibt er gleich.
ich sage, ich sagte, ich habe gesagt

Forsche nach starken Verben und schreibe sie in verschiedenen Zeitformen auf.

Wortstamm
Der Wortstamm ist der wichtigste Baustein, der Kern eines Wortes. Er kann nicht mehr zerlegt werden. Er ist das, was übrigbleibt, wenn man alle anderen Bausteine eines Wortes wegnimmt.
ein**schlaf**en
Meistens wird der Wortstamm in einer Wortfamilie bei allen Wörtern gleich geschrieben.
Es lohnt sich zu lernen, wie die einzelnen Wortstämme geschrieben werden. Dies hilft beim richtigen Schreiben, da man sich so schnell Wörter zusammensetzen kann.

Forsche nach Wörtern, bei denen der Wortstamm nicht immer gleich geschrieben wird.

Nomen
werden auch Namenwort oder Substantiv genannt. Sie bezeichnen Menschen, Tiere, Gegenstände, Gefühle … Nomen können in unterschiedlichen Formen stehen:
Geschlecht: der Baum, die Wiese, das Buch
Singular/Plural: die Wiese, die Wiesen
die 4 Fälle:
Wer oder was? – das Kind
Wessen? – des Kindes
Wem? – dem Kind
Wen oder was? – das Kind

Forsche nach Wörtern von denen es verschiedene Pluralformen gibt, z. B. die Bank – die Bänke / die Banken

Adjektive
werden auch Wiewörter oder Eigenschaftswörter genannt. Man kann sie steigern:
schön – schöner – am schönsten
Zu den meisten Adjektiven gibt es ein Gegenteilwort:
alt – neu

Forsche nach Adjektiven, die man nicht steigern kann.

Silben
Die Silbe ist die kleinste Lautgruppe der gesprochenen Sprache. Buchstaben, die in einer Silbe verbunden sind, dürfen nicht (z. B. am Zeilenende) getrennt werden.
Es gibt Vor- und Nachsilben:
gelaufen, **ver**brennen, **be**schweren, **ent**zerren, **zer**reißen, **er**geben
Heiter**keit**, fröh**lich**

Forsche nach Wörtern, die mit verschiedenen Vorsilben zusammengesetzt werden können.

Du brauchst einen Mitspieler und einen Sichtschutz zwischen euch. Einigt euch auf eine Wörterliste mit 4 bis 6 Wörtern. Versteckt eure „Wörterschiffe“ im Plan und versucht nun immer abwechselnd die gegnerischen zu versenken, indem ihr den Platz erratet (z. B. C4). Bei einem Treffer darfst du noch einmal raten; ein versenktes Wort muss angesagt werden.

	1	2	3	4	5	6	7	8	9	10
A										
B										
C										
D										
E										
F										
G										
H										
I										
J										

	1	2	3	4	5	6	7	8	9	10
A										
B										
C										
D										
E										
F										
G										
H										
I										
J										

Sichtschutz

	1	2	3	4	5	6	7	8	9	10
A										
B										
C										
D										
E										
F										
G										
H										
I										
J										

	1	2	3	4	5	6	7	8	9	10
A										
B										
C										
D										
E										
F										
G										
H										
I										
J										

Denke an die Tipps zum Einprägen von Merkwörtern auf S. 33.

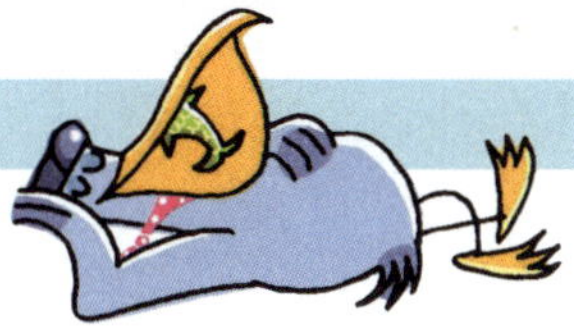

2 Suche zu diesen Wortstämmen verwandte Wörter.
Markiere den Wortstamm.

LOHN ______________________________

____

KÜHL ______________________________

____

FEHL ______________________________

____

3 Bilde zusammengesetzte Nomen. Schreibe sie mit ihren Begleitern auf.

STRAẞEN RUTSCH GEISTER ACHTER

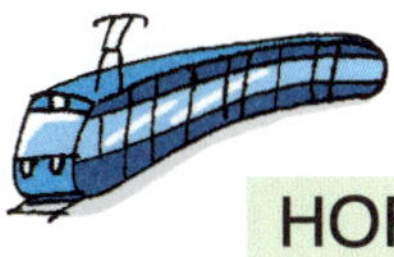

BAHN

HOF STEIG RODEL

____

____

4 Bilde zusammengesetzte Nomen. Schreibe sie mit ihren Begleitern auf.

KAFFEE PFEFFER WIND

MÜHL(E)

ZWICK STEIN SPIEL RAD

____

____

korrigiert:

1 Kreise die V/v gesprochen wie w rot ein.

Kreise die V/v gesprochen wie f blau ein.

das Klavier • das Verb • der Vokal • nervös

das Viertel • die Vitamine • die Konserven

der Virus • der Advent • das Video • vierzig

das Volk • der Pullover  • der Vampir • voll

die Lava • der Dativ • das Viereck • kurvig

2 Setze jedes der folgenden Wörter sinnvoll mit einem Wort aus Aufgabe 1 zusammen.

______ tausend	der Doppel ______
der ______ strom	die ______ milch
der Rollkragen ______	der ______ zahn
der ______ kranz	die ______ dose
das ______ fest	das ______ spiel
die ______ grippe	der ______ kreis

3 Schreibe die übrigen Wörter aus Aufgabe 1 nach dem ABC geordnet auf.

______

______

______

korrigiert:

① Markiere das ä in diesen Wörtern rot.

der Kapitän		
das Märchen		
mädchenhaft		
sägen		
tränenreich		
später		
der Maikäfer		
die Käserei		
die Lärmbelastung		
bärenstark		
der Mähdrescher		
währenddessen		

② Schreibe die Wörter einmal in die zweite Spalte ab.
Kontrolliere Buchstabe für Buchstabe.

③ Merke dir jeweils ein Wort, decke es ab
und schreibe es in der dritten Spalte auswendig auf.
Kontrolliere dann Buchstabe für Buchstabe.

④ Bilde mit ä-Wörtern zusammengesetzte Wörter.

der Eis ____________ der Streich ____________

der ____________ schutz die Motor ____________

der Marien ____________ der Schiffs ____________

das ____________ buch der Rasen ____________

korrigiert: ☆

Merkwörter mit lang gesprochenem i

Obwohl du das **i** lang sprichst, darfst du bei diesen Wörtern kein **ie** schreiben.

① Setze zu Wörtern zusammen und schreibe auf.
Markiere das lang gesprochene i immer rot.

Keros
Delf
Zeppel
in
Berl
Baldach

Viol
Christ
Ros
ine
Mandar
Terr

② Setze das passende Wort aus Aufgabe 1 ein.

1 Der Treibstoff für Flugzeuge: ____________________

2 Ein Mädchenname: ____________________

3 Die Hauptstadt Deutschlands: ____________________

4 Eine Zitrusfrucht: ____________________

5 Eine getrocknete Weintraube: ____________________

6 Ein Stoffdach über dem Bett: ____________________

7 Ein Säugetier im Meer: ____________________

8 Ein Luftschiff: ____________________

9 Eine Suppenschüssel (franz.): ____________________

10 Ein Streichinstrument/Geige: ____________________

korrigiert: ☆

1 Suchsel. Finde die 15 Wörter mit Doppelvokalen (Doppelselbstlauten).

K	S	Q	e	C	X	U	h	q	K	a	f	f	e	e	L	o
x	a	X	r	N	J	H	g	B	J	E	g	O	y	N	c	l
p	A	B	I	a	r	V	e	L	d	y	c	K	M	I	P	Y
L	w	h	G	A	U	G	G	B	M	f	p	Y	O	Q	M	Y
y	J	M	Z	A	o	N	w	r	o	Z	M	S	S	k	o	v
H	l	f	m	l	X	H	d	f	s	j	M	r	t	p	o	e
a	f	B	U	M	e	D	b	n	c	F	t	k	T	a	s	q
a	A	K	z	d	S	e	T	J	h	Y	Q	C	C	y	a	m
r	F	K	N	o	n	o	r	R	e	S	t	M	F	U	n	t
e	U	Z	z	o	r	W	d	u	e	K	r	E	N	C	q	M
S	X	i	o	f	F	g	P	k	p	a	N	W	G	J	t	h
a	I	k	T	o	C	i	i	d	a	Y	Y	z	p	t	O	W
a	l	d	G	k	h	W	F	P	X	q	g	W	o	m	V	F
l	K	Q	e	f	N	a	Z	A	h	x	E	o	A	J	z	p
M	o	o	r	e	D	a	a	u	I	o	B	O	F	O	N	O
O	z	z	k	Z	e	g	A	S	C	k	I	V	J	V	s	k
q	f	T	X	r	B	e	e	t	H	A	z	p	g	u	c	K

2 Ordne die Wörter in die Tabelle ein.

aa	ee	oo

korrigiert: ☆

① Schreibe diese Wörter nach dem ABC geordnet auf.

Soße – gießen – groß – süß – Straße – heiß – beißen – Floß – fließen – zerreißen – Stoß – spießig

Markiere das ß rot und den Vokal davor mit ▬ oder ●.
Was fällt dir auf?

② Entscheide, ob die Wörter mit ß oder ss geschrieben werden.
Beweise mit ▬ und ●.

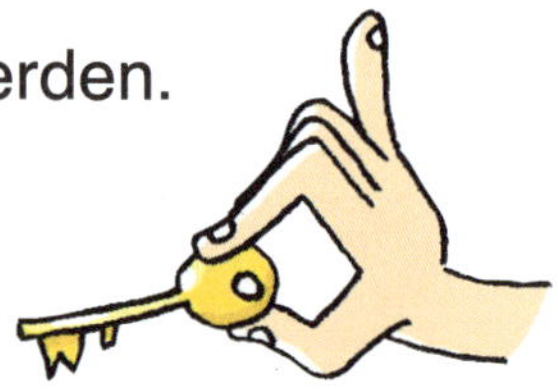

der Tortengu___ – der Abschiedsgru___

der Fu___ – der Flu___ das Flo___ – die Flo___en

abschlie___en – verschli___en

be___er – bei___en gro___ – kro___

③ Achtung! Hier ist der kurze ● bzw. lange ▬ Vokal wichtiger als die Wortverwandtschaft.

Grundform	**Präsens (Gegenwart)**		**Präteritum (1. Vergangenheit)**	
lassen	er/sie	wir	er/sie	wir
gießen	ich	wir	ich	wir
schießen	ich	wir	ich	wir
fressen	es	sie fressen	es	sie fraßen

korrigiert: ☆

1 Verbinde jedes Fremdwort mit der passenden Erklärung.

Funktion	vorhanden sein
Experte	Staatsangehörigkeit
Qualifikation	Aufgabe oder Amt
generell	bestimmte Fähigkeit / Ausscheidungsrunde (Sport)
existieren	immer gültig / im Allgemeinen
Nationalität	wegnehmen / abziehen
subtrahieren	Fachmann

2 Markiere in den Fremdwörtern aus Aufgabe 1 die schwierigen Stellen rot.

Finde heraus, aus welchen Sprachen diese Wörter stammen.

3 Schreibe hier jedes Fremdwort eine Zeile lang.
Verwende verschiedene Farben.

korrigiert:

1 Zeichne unter die Wörter Silbenbögen.
Kreise die Wörter, bei denen du das h hören kannst, grün ein.

die Ruhe das Stroh näher die Verzeihung

sie sieht fröhlich  der Floh er mäht die Reihe

der Schuhkarton er verzeiht der Gehstock die Naht

2 Wenn du das h gut hören kannst,

steht es zwischen zwei ____________________.

3 Die anderen Wörter kannst du verlängern, um das h hörbar zu machen. Zeichne auch hier Silbenbögen ein.

das Stroh → stro hig
____________ → ____________
____________ → ____________
____________ → ____________
____________ → ____________
____________ → ____________
____________ → ____________
____________ → ____________
____________ → ____________

4 Bilde zusammengesetzte Wörter.
Achtung: Du musst die Wörter leicht verändern!

weihen drohen sehen drehen nähen

die Leiter der Brief die Maschine die Nacht der Test

5 Ergänze die Tabelle.

Grundform	ich-Form	du-Form	er/sie/es-Form
ziehen			
gehen			
mähen			
bedrohen			
nähen			
fliehen			

6 Finde Wortzusammensetzungen mit Früh- .

das Frühstück

korrigiert: ☆

Fehler sinnvoll berichtigen

① Markiere die Fehler. Erkläre sie und berichtige sinnvoll.

Fehler	Erklärung	Hilfe(n)
stosen	ß, weil langer Selbstlaut	

stoßen, wegstoßen, umstoßen

Fehler	Erklärung	Hilfe(n)
das Gewant		

Fehler	Erklärung	Hilfe(n)
bestimen		

Fehler	Erklärung	Hilfe(n)
die kesten		

② Hier ist Platz für deine Fehlerwörter.

Fehler | Erklärung | Hilfe(n)

Fehler | Erklärung | Hilfe(n)

Fehler | Erklärung | Hilfe(n)

Fehler | Erklärung | Hilfe(n)

korrigiert:

1 Wichtige Signalwörter für Nomen. Verbinde richtig.

Artikel/Begleiter	aufs (auf das), beim (bei dem)
Präpositionen mit „verstecktem“ Artikel	der, die, das, ein, eine
Pronomen	ein rotes …, das schöne …
Adjektive mit Artikel	ein, zwei, drei, viele, alle
Zahlwörter	mein, dein, sein, euer, ihr

2 Suche mithilfe der Signale die Nomen.

a) Markiere die Anfangsbuchstaben farbig. Unterstreiche die Signale. Die Anzahl der Fehler steht immer am Ende des Absatzes.

Beim ausflug begegnete meine familie einem schäfer mit einer riesigen herde. Mein vater ging aufs feld und sprach mit dem mann. „Sind das alles Ihre tiere?“, fragte mein vater. (9)
„Ja, ich habe eine große herde. Sie hat zweihunderteinundvierzig tiere“, antwortete der schäfer freundlich. Mein vater fragte den schäfer: „Woher wissen Sie das so genau?“ Dieser antwortete: „Ich zähle immer alle beine und teile sie durch vier.“ (6)

b) Schreibe die Geschichte richtig ab.

korrigiert:

1 Silbenrätsel.
Setze die Puzzleteile zu sinnvollen Nomen (Namenwörtern) zusammen.

Tren schaft Wild Ge keit Ei schaft sal Land Bil Wachs keit nis Hei tum nung Rinn mein Bot tel heit ter dung

____

____

____

____

2 Markiere bei Aufgabe 1 alle Endbausteine mit ⌞__⌟.
Die Endbausteine heißen:

____ ____ ____ ____ ____ ____ ____

3 Setze passende Wörter aus Aufgabe 1 in die Lücken ein.

Der Fluss ist fast vertrocknet. Er fließt nur noch als ____________.

Das ist eine ____________!

Schau dir diese wunderbare ____________ an.

Calcium ist wichtig für das Knochen ____________.

In der ____________ Australiens leben viele bedrohte Tierarten.

korrigiert: ☆

1 Bilde mit den passenden Endbausteinen Nomen.
Ordne in die Tabelle ein und markiere die Endbausteine mit ⌞⌟.

erklären erleben ehrlich albern anstecken
bitter gemein vergiften gefangen unverstanden
übel frei verstehen quetschen errungen
herrschen möglich unversehrt ereignen gemein

ung	heit	keit

nis	schaft

?! Forsche nach Nomen mit Endbausteinen. Schreibe sie auf und markiere die Endbausteine.

2 In den Lücken fehlen die passenden Endungen.
Setze er, in und innen ein.

Meine Freund______ heißt Leonie.

Wir haben an der Schule acht Lehrer______.

Mein Vater ist von Beruf Mal______.

Freiwillige Helf______ und Helfer______ gesucht!

Viele Jungen träumen von einer Karriere als Fußballspiel______.

Die Ärzt______ gab Kilian eine Spritze.

3 Fehlersuche! Die Endbausteine helfen dir.
Unterstreiche die Fehler.

Die wildnis Afrikas lässt sich am besten bei einer Safari erkunden. Dabei erhält man einen Eindruck von den vielfältigen landschaften und dem artenreichtum der Tierwelt. Die schönheit des Kontinents ist schützenswert und bedarf der unterstützung, um deren erhaltung zu gewährleisten.

4 Schreibe den Text hier richtig auf.

korrigiert: ☆

Groß- und Kleinschreibung von Zeitangaben

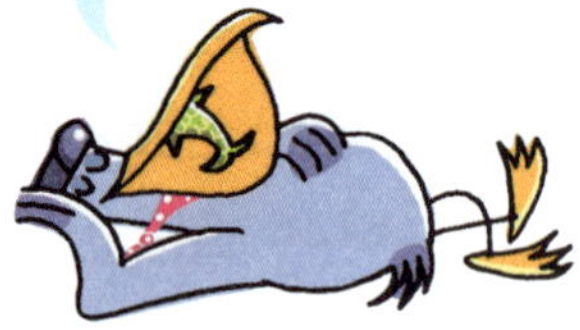

① Trage diese Zeitangaben in die Zeitleiste ein.

gestern   vorgestern   morgen   übermorgen

__________ __________ heute __________ __________

② Nummeriere die Tageszeiten in der richtigen Reihenfolge.
Schreibe die Tageszeiten geordnet auf.

○ der Vormittag   ○ der Morgen   ○ die Nacht
○ der Abend   ○ der Nachmittag   ○ der Mittag

____

____

③ Setze verschiedene Zeitangaben zusammen.
Markiere die Anfangsbuchstaben.

gestern Abend ______________________________

____

____

④ Ergänze die Lücken sinnvoll.

Lucia schreibt __________ __________ eine Probearbeit.

Meine Eltern besuchten __________ __________ ein Konzert.

Das Fußballspiel wird __________ __________ live übertragen.

5 Signalwörter für die Großschreibung von Zeitangaben.
Finde Beispiele mit den Zeitangaben von S. 48 und schreibe sie auf.

der   am   gegen   den   bis   eines

der Morgen, am Morgen, ______________________

____

____

____

____

6 Setze zu allen Tageszeiten von S. 48 ein s an das Wortende.

morgens, ______________________

____

7 Ordne.

AM ABEND, MORGENS, GEGEN MITTAG, ÜBERMORGEN, ABENDS, MONTAGVORMITTAGS, EINES SCHÖNEN ABENDS, MITTAGS, DEN GANZEN VORMITTAG, SONNTAGS, DER DIENSTAG

Zeitangaben – großgeschrieben	Zeitangaben – kleingeschrieben

korrigiert: ☆

Großschreibung von Verben

① Erinnere dich: Signalwörter für die Großschreibung von Verben (Tunwörtern). Verbinde richtig und ergänze die Lücken.

der, die, das, ein, eine	Pronomen: Ich freue mich auf unser ___reffen.
mein, dein, sein, euer, ihr	Artikel: Das ___ennen ist verboten!
schnell, alt, schön	Präpositionen: Ich erkenne Henry am ___ellen.
beim, am, zum, vom, im	Adjektive: langsames ___ahren, lautes ___achen

② Ergänze für dich passende Verben.

a) Markiere das Signalwort und den Anfangsbuchstaben.

Ich bin gut im ______________________

Ich bin gut im ______________________

Ich bin gut im ______________________

Ich bin gut im ______________________

b) Ergänze die passende Präposition (Verhältniswort) und den Wortanfang.

Am Nachmittag kommt Nora ______ _____wimmen nach Hause.

Leon war ______ _____urnen. Sie sind müde ______ _____rainieren. In den Ferien wollen sie sich gemeinsam Zeit ______ _____adeln nehmen.

③ Schreibe die Geschichte richtig ab.

____

____

____

4 Ergänze die Lücken im Brief.

gut / benehmen | schön / musizieren | fleißig / üben | fröhlich / treffen

Lieber Sebastian,

dein ________ ________ auf meiner Geburtstagsfeier hat mich sehr gefreut. Dein ________ ________ hat großen Eindruck bei mir hinterlassen. Ich sehe, dein ________ ________ hat sich gelohnt.

Ich freue mich schon auf weitere ________ ________!

Deine Oma

5 Verbinde die passenden Adjektive und Verben. Bilde Sätze, in denen das Verb zum Nomen wird.

laut | schnell | leise | langsam | fröhlich

rennen | schreien | bummeln | lachen | flüstern

____

____

____

____

____

korrigiert: ☆

Großschreibung von Adjektiven

Adjektive, die in Nomen verwandelt werden, musst du großschreiben.

Signalwörter für Adjektive, die als Nomen verwendet werden:

Artikel (Begleiter):
der, die, das, ein, eine
Das Gute siegt über das Böse.

Wörter, die Mengen beschreiben:
viele, kein, alle, wenig
Ich habe schon viel Interessantes über ihn gehört.

Pronomen (Fürwörter):
mein, dein, sein, ihr, unser, euer, …
Das letzte Schuljahr war mein Schönstes.

(1) Setze das passende Adjektiv mit dem passenden Artikel ein.

arm   gut   blau   schön   schwierig

Im Theater war die Musik ________ ________________. Ich wünsche mir

immer, dass in Filmen ________ ________________ siegt.

An Sonnentagen gefällt mir ________ ________________ des Himmels.

Wir sammeln Spenden für ________ ________________.

________ ________________ erledige ich immer sofort.

Nach einem zum Nomen verwandelten Adjektiv steht kein anderes Nomen.

(2) Finde heraus, welche Adjektive zu Nomen geworden sind.
Unterstreiche sie und schreibe den Text dann richtig ab.

Gestern haben wir eine NEUE Lehrerin bekommen. Jeder wartete gespannt auf die NEUE. Unser ALTER Lehrer war bei uns sehr BELIEBT. Er hatte den Spitznamen der LUSTIGE. Ob wir die NEUE Lehrerin wohl die LUSTIGE oder die FREUNDLICHE nennen werden?

____

____

____

____

____

③ Ergänze die Lücken.

der Alte → der ______________ Schuh

der ______________ → die reiche Ernte

das Schöne → das ______________ Konzert

die ______________ → die richtige Lösung

?! Finde eigene Beispiele.

④ Setze die passenden Mengenwörter und Adjektive in die Lücken ein.

viel/neu In der Zeitung steht heute ________ ______________.

alles/wichtig Auch im Radio kannst du ________ ______________ erfahren.

viel/interessant In den Nachrichten gab es heute ________ ______________ zu sehen.

wenig/erfreulich Man sieht dort meist ________ ______________.

⑤ Bilde mit diesen Wörtern selbst Sätze.

etwas Schönes alles Gute wenig Altes

____

____

____

____

korrigiert: ☆

Achtung: Einige Wörter passen in beide Spalten.

plötzlich, spazieren, vorbeifahren, Vorliebe, vielleicht, genießen, draußen, Verwandte, davon, Interesse, zurückgehen, Kuckuck, Behälter, Saal, informieren, gewöhnen, während, sieht, befehlen, davor, ungefähr, Speer, fehlen, Kaffee, länglich, mahlen, wiederholen, vollenden, umsetzen

1 Ordne die Wörter und markiere die Knackstellen.

Wörter mit Knackstellen zum Merken	Wörter mit Knackstellen zum Nachdenken

Achtung: Auch hier kannst du einige Wörter mehrfach zuordnen.

② Ordne die besonders schwierigen Wörter genauer.

	Hilfe(n)	
Doppelkonsonant	◯	
h	◯	
Ver/ver, Vor/vor	◯	
ä – a	◯	
v	◯ ◯	
ß	◯ ◯	
aa/oo/ee	◯ ◯	
Sp/sp	◯	

③ Ordne den Knackstellen mögliche Hilfen zu.

a Wort mehrmals schreiben. Knackstelle hervorheben und merken.

b Auf den kurzen Selbstlaut achten.

c Auf den langen Selbstlaut achten.

d An die Beweise für Wortarten denken.

e Wörter mit der gleichen Knackstelle aufschreiben.

f Wortverwandte aufschreiben

g Auf Anfangsbausteine achten.

h Wort verlängern und trennen

korrigiert: ☆

Getrennt- und Zusammenschreibung

Diese kleinen Wörter schreibt man immer getrennt:

gar nicht	gar nichts	so viel	so viele	zu viele
wie viel	wie viele	zu wenig	so wenig	zu sehr
so oft	zu oft	so etwas	zu groß	so gut
zu lange	wie lange	wie sehr	so sehr	
gar kein	gar keine	wie oft	wie gut	

1. Ordne die Wörter.

zu: ________________________________

____

gar: ________________________________

____

so: ________________________________

____

wie: ________________________________

____

?! Finde noch weitere Beispiele.

2. Setze passende Wörter ein. Schreibe den Satz nochmals mit anderen Lückenwörtern auf.

Das Theaterstück hat uns __________ __________ gefallen.

____

In der Turnhalle waren __________ __________ Zuschauer.

____

Leider hatte ich beim letzten Spiel __________ __________ Glück.

3 Schreibe auf, womit man fahren kann.

Fahrrad fahren, ______________________________

____

____

____

4 Setze die Wörter aus Aufgabe 3 zusammen und schreibe sie auf.
Markiere den Anfangsbuchstaben.

beim Fahrradfahren, ______________________________

____

____

____

5 Immer klein und zusammen geschrieben. Ergänze den Wortanfang.

heim-　statt-　stand-　irre-

_______kehren, _______führen, _______halten, _______finden

?! Forsche nach weiteren Wörtern und schreibe sie auf.

korrigiert: ☆

① Lies dir die Sätze halblaut vor.

Ausflug

Die Sonne strahlte vom Himmel als die Klasse 6b einen Ausflug zu einer Burg machte. Die Kinder stürmten zum Bus obwohl ihr Lehrer es ihnen verboten hatte. Niemand konnte sie aufhalten weil sich alle so sehr auf die Fahrt freuten. Am Ziel angekommen, wollten alle sofort aussteigen da es viel zu sehen gab. Alle setzten sich auf eine Wiese nachdem alles Wichtige besichtigt war.

Die mitgebrachten Pausenbrote wurde nun verzehrt sodass keiner hungrig nach Hause fahren musste.

② Markiere die Bindewörter in Aufgabe 1.

③ Wichtige Bindewörter

als bis da dass ob

obwohl sodass wenn nachdem weil

In jedem Satz fehlt ein Komma. Setze nun das fehlende Komma an der Stelle ein, an der du beim Sprechen eine Pause machst.

④ Tausche nun Haupt- und Nebensätze aus Aufgabe 1 und schreibe die Sätze auf.

?! Der Hauptsatz verändert sich. Erkläre wie.

5 Setze das passende Bindewort ein.

a) Maria wäre im Schwimmbad nicht ausgerutscht,

_______________ sie nicht gerannt wäre.

b) Paul turnt heute mit, _______________ er erkältet ist.

c) Unser Bus fährt heute nicht, _______________ es zu glatt ist.

d) Du solltest warten, _______________ der nächste Zug kommt.

e) Anna und Mateja gehen Inline skaten, _______________

sie ihre Hausaufgaben erledigt haben.

6 Verbinde die Sätze zu Hauptsatz und Nebensatz.

weil da sodass bis

a) Mein Bruder fährt ans Meer.
Er möchte surfen.

b) Ich warte mit dem Essen. Meine Eltern kommen um 13.00 Uhr.

c) Mein Opa geht heute mit uns ins Schwimmbad.
Er will uns eine Freude machen.

d) Ich packe heute meine Schultasche am Abend.
Ich habe morgen mehr Zeit.

____

____

____

____

____

____

korrigiert: ☆

Wörtliche Rede

Du erinnerst dich:
Vorangestellter Begleitsatz
Pascal erkundigt sich: „War die Englischarbeit schwer?"

Nachgestellter Begleitsatz
„War die Englischarbeit schwer?", erkundigt sich Pascal.

1. Schreibe die Sätze mit den richtigen Satzzeichen auf.

Ich möchte bitte ein Eis mit Sahne sagt Alia ihrer Mutter

Kai meint Diese Mathematikaufgabe ist nicht schwierig

Anna ruft erfreut Dieses Buch habe ich mir schon lange gewünscht

Gehst du heute mit mir ins Kino fragt Ben Lisa

Alle Lichter bitte sofort anschalten bittet die Lehrerin

2. Markiere die Redeteile und setze die fehlenden Satzzeichen ein.

Herr Lehrer, würden Sie bitte mal den Hund streicheln fragt Flora. Aber gerne, mein Kind ein schönes Tier. Du bist sicherlich sehr stolz auf deinen Hund erwidert der Lehrer. Das ist nicht meiner. Ich wollte nur wissen, ob er beißt antwortet Flora.

Der Begleitsatz kann auch zwischen den Redeteilen eingeschoben sein.

„Ich komme", kündigte sie an, „morgen Abend."

3 Schreibe diese Sätze mit einem eingeschobenen Begleitsatz:

Hendrik jammert: „Unser Deutschlehrer gibt unendlich viel Hausaufgaben."

„Unser Deutschlehrer", jammert ______________________

____

Lass uns heute ins Hallenbad gehen", ruft Siri.

____

____

Lara meint: „Heute Abend muss ich noch ins Fußballtraining."

____

____

Luzie freut sich: „Sieh mal Paul, ich habe ein neues Fahrrad:"

____

____

4 Markiere die Redeteile und setze die fehlenden Satzzeichen ein.

Wer sich für dumm hält sagt die Lehrerin soll bitte aufstehen. Alle Mädchen bleiben sitzen. Schließlich steht Max auf. Max du? staunt die Lehrerin. Dein Zeugnis ist doch gar nicht schlecht ergänzt sie. Na ja entgegnet Max Sie sollen nicht als einzige Dumme dastehen.

korrigiert:

Alphabet (ABC)

Das Alphabet ist die Reihenfolge der 26 Buchstaben, die in unserer Sprache verwendet werden.

α β

Alpha und Beta, das sind die ersten beiden Buchstaben des griechischen Alphabets. Von ihnen stammt auch der Name „Alphabet“. Unser Alphabet geht auf das lateinische Alphabet zurück, das ursprünglich nur aus zwanzig Buchstaben bestand: A, B, C, D, E, F, H, I, K, L, M, N, O, P, Q, R, S, T, V und X. Heute haben wir 26 Buchstaben. Die fehlenden sechs: G, J, U, W, Y und Z kamen erst nach und nach dazu. Die jüngsten lateinischen Buchstaben, das J und das W, wurden vor etwa fünfhundert Jahren eingeführt.

Forsche nach, wie viele Buchstaben in Alphabeten anderer Sprachen verwendet werden.

Buchstaben

Buchstaben sind Zeichen, die wir schreiben und lesen können. Sie sind die kleinsten Bausteine des geschriebenen Wortes. Im 9. Jahrhundert erfolgte unter Kaiser Karl dem Großen eine große Schriftvereinheitlichung. Von diesem Zeitpunkt an verwendeten alle die gleiche Schrift.

Forsche nach, welche Buchstaben bei uns am häufigsten, welche am seltensten verwendet werden.

Laute

Laute gehören zur gesprochenen Sprache. Der Laut ist die kleinste Einheit des gesprochenen Wortes. Um Laute abzubilden, verwenden wir Buchstaben.

Forsche nach: Gibt es mehr Laute oder mehr Buchstaben?

Vokale (Selbstlaute)

Vokale können ohne Zuhilfenahme eines anderen Lautes gesprochen werden. Sie heißen deshalb auch Selbstlaute.

Forsche nach Wortpaaren, in denen der Vokal mal lang und mal kurz klingt, z. B.: Bett – Beet, er riet – er ritt

Doppellaute

sind Buchstabenkombinationen: au, ei, eu, äu, ai

Forsche nach: Welcher Doppellaut ist eigentlich für das richtige Schreiben überflüssig?

Konsonanten (Mitlaute)

sind eigentlich „stumm“ und werden mithilfe der Vokale ausgesprochen.

Welcher Konsonant wird meistens wie ein Vokal ausgesprochen? Finde Beispielwörter.

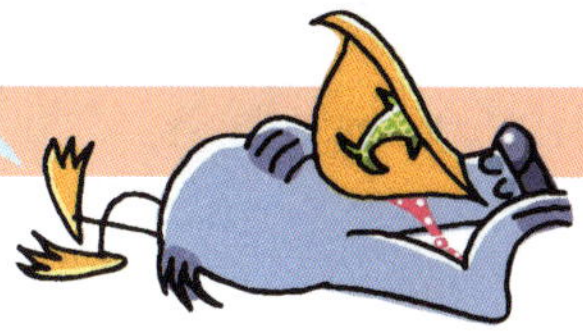

Verben
werden auch Tunwörter oder Zeitwörter genannt. Verben sind die wichtigsten Wörter. Sie sagen, was jemand tut oder was geschieht.
sie läuft, es brennt
An Verben erkennt man auch die Zeit, in der etwas geschieht.
sie lief, es brannte, es wird regnen
Mit Verben kann man die ich/du/er/sie/es/wir/ihr/sie-Form bilden, man kann sie deklinieren.
ich weiß, du weißt, er weiß, ihr wisst
Es gibt starke und schwache Verben. Bei den starken Verben ändert sich der Vokal im Wortstamm.
ich gehe, ich ging, ich bin gegangen
Bei den schwachen Verben bleibt er gleich.
ich sage, ich sagte, ich habe gesagt

?! Forsche nach starken Verben und schreibe sie in verschiedenen Zeitformen auf.

Wortstamm
Der Wortstamm ist der wichtigste Baustein, der Kern eines Wortes. Er kann nicht mehr zerlegt werden. Er ist das, was übrigbleibt, wenn man alle anderen Bausteine eines Wortes wegnimmt.
ein**schlaf**en
Meistens wird der Wortstamm in einer Wortfamilie bei allen Wörtern gleich geschrieben.
Es lohnt sich zu lernen, wie die einzelnen Wortstämme geschrieben werden. Dies hilft beim richtigen Schreiben, da man sich so schnell Wörter zusammensetzen kann.

?! Forsche nach Wörtern, bei denen der Wortstamm nicht immer gleich geschrieben wird.

Nomen
werden auch Namenwort oder Substantiv genannt. Sie bezeichnen Menschen, Tiere, Gegenstände, Gefühle ... Nomen können in unterschiedlichen Formen stehen:
Geschlecht: der Baum, die Wiese, das Buch
Singular/Plural: die Wiese, die Wiesen
die 4 Fälle:
Wer oder was? - das Kind
Wessen? - des Kindes
Wem? - dem Kind
Wen oder was? - das Kind

?! Forsche nach Wörtern von denen es verschiedene Pluralformen gibt, z. B. die Bank - die Bänke/die Banken

Adjektive
werden auch Wiewörter oder Eigenschaftswörter genannt. Man kann sie steigern:
schön - schöner - am schönsten
Zu den meisten Adjektiven gibt es ein Gegenteilwort:
alt - neu

?! Forsche nach Adjektiven, die man nicht steigern kann.

Silben
Die Silbe ist die kleinste Lautgruppe der gesprochenen Sprache. Buchstaben, die in einer Silbe verbunden sind, dürfen nicht (z. B. am Zeilenende) getrennt werden.
Es gibt Vor- und Nachsilben:
gelaufen, **ver**brennen, **be**schweren,
entzerren, **zer**reißen, **er**geben
Heiter**keit**, fröh**lich**

?! Forsche nach Wörtern, die mit verschiedenen Vorsilben zusammengesetzt werden können.

Wörter versenken

Tipp: Arbeite mit zwei Farben. Eine für **Treffer**, eine für **Kein Treffer**.

Du brauchst einen Mitspieler und einen Sichtschutz zwischen euch. Einigt euch auf eine Wörterliste mit 4 bis 6 Wörtern. Versteckt eure „Wörterschiffe“ im Plan und versucht nun immer abwechselnd die gegnerischen zu versenken, indem ihr den Platz erratet (z. B. C4). Bei einem Treffer darfst du noch einmal raten; ein versenktes Wort muss angesagt werden.

										J
										I
										H
										G
										F
										E
										D
										C
										B
										A
10	9	8	7	6	5	4	3	2	1	

										J
										I
										H
										G
										F
										E
										D
										C
										B
										A
10	9	8	7	6	5	4	3	2	1	

Sichtschutz

	1	2	3	4	5	6	7	8	9	10
A										
B										
C										
D										
E										
F										
G										
H										
I										
J										

	1	2	3	4	5	6	7	8	9	10
A										
B										
C										
D										
E										
F										
G										
H										
I										
J										